MÉTODO DE ESPAÑOL PARA EXTRANJEROS

PRISMA
NIVEL INTERMEDIO

LIBRO DE EJERCICIOS

María Ángeles Buendía Perni

María Bueno Olivares

Rosa María Lucha Cuadros

Azucena Encinas Pacheco

Ana Hermoso González

Alicia López Espinosa

© Editorial Edinumen
© María Ángeles Buendía Perni, María Bueno Olivares, Rosa María Lucha Cuadros,
Azucena Encinas Pacheco, Ana Hermoso González, Alicia López Espinosa

ISBN: 978-84-9848-156-3
Depósito Legal: M-6582-2012
Impreso en España
Printed in Spain

Adaptación:
José Manuel Foncubierta

Coordinación pedagógica:
María José Gelabert

Coordinación editorial:
Mar Menéndez

Diseño de portada:
Carlos Casado, David Prieto y Juanjo López

Diseño y maquetación:
Antonio Arias y David Prieto

Impresión:
Gráficas Glodami. Coslada (Madrid)

Editorial Edinumen
José Celestino Mutis, 4. 28028 - Madrid
Teléfono: 91 308 51 42
Fax: 91 319 93 09
e-mail: edinumen@edinumen.es
www.edinumen.es

ÍNDICE

Unidad 1

1.1. **Completa las frases con el pretérito pluscuamperfecto.**

1. Estoy leyendo *El Quijote,* pero ya lo (leer) .... antes.

2. ¡Qué isla tan bonita! Nunca (estar, yo) .... en un lugar así.

3. Cuando llegamos a la fiesta, los invitados ya (marcharse) ....

4. No sabía que Marta y Luis (volver) .... de sus vacaciones.

5. Cuando el tren salió de la estación todavía no (amanecer) ....

6. Esta mañana he ido al banco pero, desgraciadamente, los ladrones (llegar) .... antes que yo.

7. Al llegar a casa nos dimos cuenta de que (perder) .... las llaves.

8. La profesora nos preguntó si (hacer) .... los ejercicios.

9. Llegué a España en enero y un mes después ya (conseguir) .... encontrar un trabajo.

10. Cuando entré en la cocina vi que el arroz (quemarse) ....

1.2. **Elige la forma correcta del verbo entre las opciones que te damos más abajo y sabrás mucho más sobre uno de los directores españoles más populares.**

Gracias a su película *Los Otros* el director español Alejandro Amenábar **(1)** .... el aplauso del público y de la crítica fuera de España. Esta película **(2)** .... en el año 2001 y está protagonizada por Nicole Kidman y producida por Tom Cruise.

La relación entre Amenábar y Cruise **(3)** .... en el año 1997, cuando el director **(4)** .... su segunda película, *Abre los Ojos.* Esta película **(5)** .... un gran éxito en España y le **(6)** .... tanto a Tom Cruise, que **(7)** .... comprar los derechos y, además, **(8)** .... en la versión estadounidende, *Vanilla Sky.*

Pero antes de triunfar en el extranjero, Amenábar ya **(9)** .... gran cantidad de premios en España con su primera película, *Tesis* (1996), que **(10)** .... siete importantes premios Goya, entre los que **(11)** .... el premio al Mejor Director y a la Mejor Película. En aquellos momentos Amenábar **(12)** .... solo 22 años pero ya antes **(13)** .... algunos cortometrajes mientras **(14)** .... sus estudios en la Facultad de Ciencias de la Información.

Alejandro Amenábar **(15)** .... en 1972 en Santiago de Chile y un año después su familia **(16)** .... a Madrid, España. En 1990 **(17)** .... sus estudios de Imagen y Sonido en la Universidad Complutense de Madrid y casi al mismo tiempo **(18)** .... su camino como director de cortometrajes.

(1) obtenía, había obtenido, ha obtenido.

(2) se rueda, se rodó, se ha rodado.

(3) ha comenzado, comenzó, comenzaba.

(4) estrenó, estrena, había estrenado.

(5) era, fue, ha sido.

(6) había gustado, gustaba, gustó.

(7) decidía, decidió, ha decidido.

(8) participaba, ha participado, participó.

(9) había recibido, recibió, recibía.

(10) obtenía, había obtenido, obtuvo.

(11) se habían encontrado, se encontraban, se encontraron.

(12) tenía, tuvo, ha tenido.

(13) ha dirigido, dirigió, había dirigido.

(14) realizó, había realizado, realizaba.

(15) había nacido, nació, nacía.

(16) se ha trasladado, se traslada, se trasladó.

(17) empezó, ha empezado, había empezado.

(18) iniciaba, inició, había iniciado.

1.3. En la siguiente sopa de letras hay 11 conectores discursivos. Te damos uno como ejemplo ("sin embargo"). Encuentra los otros diez.

```
C A V E C T U A I K L A E C O S
U O N A O K O L U J A D T R C E
R Y M I K J A C O Y H A M A R X
Y U I O F R A A C B I S C U E A
I E E Y E J O B R I C O Q T Q R
T U N Y S A P O R T A N T O D U
Z A T G Q U E D I M L O A H A Y
W E R Y U M G E N O F E O I P R
A Z A I E S B U I M I N I K O E
L I S O D R U I N O N E T G R V
M O J I U M O A C X A S A N O O
I R O I N U I J S A L E T A T J
S E R J I E N G O M E M I U R G
M U Y B E V M O U Y I O F L O R
O C R A N Y R B R E A M A I L A
T U E H E U Y R A R T E R T A E
I X W G O I N J U R J N O A D S
E T O Y A E V J U O G T E C O C
M U I U L I M Y U E S O C R T E
P O R U N L A D O R U Y S I Y Z
O L J F A E G O M B I Y E A F B
```

1.4. Completa las siguientes frases con los conectores del ejercicio anterior.

1. .... no tengo dinero no puedo salir esta noche.

2. No he podido venir antes, ... me he quedado dormido.

3. ¿Por qué no preparas la cena .... yo pongo la mesa?

4. José Javier y M.ª Luisa se casaron en 2001 y .... un año se divorciaron.

5. Has suspendido cinco asignaturas y .... tienes que repetir el curso.

6. ▷ ¿Sabes cómo terminó el partido?

   ▶ Pues, ... empataron.

7. Todo el mundo sabe que la contaminación es un gran problema, ... algunos gobiernos no toman suficientes medidas para mejorar la situación.

8. Estaba estudiando en la universidad, ... trabajaba como repartidor de pizzas.

9. Cuando salía de casa, justo .... empezó a llover.

10. .... el trabajo me parece muy interesante, pero .... el sueldo no es muy alto.

1.5. Relaciona las expresiones de la columna de la izquierda con su definición en la columna de la derecha.

1. Cortar por lo sano. •
2. Volverse loco. •
3. *Estar a punto de* + inf. •
4. Dejarse engañar. •

5. Caer en la trampa. •

6. Coger el toro por los cuernos. •

7. De un tirón. •

• **a.** Enfrentarse con valor a los problemas para solucionarlos.

• **b.** Creer todo lo que alguien dice sin cuestionarlo.

• **c.** Realizar una acción sin hacer pausa.

• **d.** Encontrarse en una situación negativa debido a un engaño de alguien que quiere obtener un beneficio.

• **e.** Utilizar el medio más drástico para solucionar o acabar con un problema.

• **f.** Se usa para expresar que algo gusta tanto que provoca una reacción de placer o alegría muy intensa.

• **g.** Faltar muy poco tiempo para que una acción se realice o suceda.

1	2	3	4	5	6	7
☐	☐	☐	☐	☐	☐	☐

1.6. Completa las siguientes frases con una de las expresiones anteriores.

1. La situación era tan insoportable que tuve que ....
2. Cuando empiezo a comer chocolate .... y no puedo parar.
3. Tenemos que darnos prisa, la película ....
4. No hay que .... : parece todo muy barato, pero en realidad no lo es.
5. Finalmente, gracias a la policía, los ladrones ....
6. No puedes evitar el problema; tienes que .... y solucionarlo.
7. He estado trabajando doce horas ....

1.7. Completa de manera adecuada la biografía del escritor Mario Benedetti.

El escritor Mario Benedetti (nacer) .... en Paso de los Toros (Tacuarembó, Uruguay) el 14 de septiembre de 1920. (Educarse) .... en el Colegio Alemán de Montevideo y en el Liceo Miranda. (Trabajar) .... como vendedor, taquígrafo, contable, funcionario público y periodista. Entre 1938 y 1941 (residir) .... casi continuamente en Buenos Aires, y, en 1945, de regreso a Montevideo, (integrarse) .... en la redacción del célebre semanario *Marcha,* donde (formarse) .... como periodista. Ese mismo año, 1945, (publicar) .... su primer libro de poemas, *La víspera indeleble.*

A la aparición de su primera obra ensayística, *Peripecia y novela* en 1948, (seguir) .... , en 1949, su primer libro de cuentos, *Esta mañana,* y, un año más tarde, los poemas de *Sólo mientras tanto.* En 1953 (aparecer) .... *Quién de nosotros,* su primera novela, pero es el volumen de cuentos *Montevideanos* (1959) –en los que toman forma las principales características de la narrativa de Benedetti– el que (suponer) .... su consagración como escritor. Con su siguiente novela, *La tregua* (1960), Benedetti (adquirir) .... proyección internacional: la obra (tener) .... más de un centenar de ediciones, (ser) .... traducida a diecinueve idiomas y llevada al cine, el teatro, la radio y la televisión. Por razones políticas, (deber) .... abandonar su país en 1973, iniciando así un largo exilio de doce años que lo (llevar) .... a residir en Argentina, Perú, Cuba y España.

Su amplia producción literaria abarca todos los géneros, incluso famosas letras de canciones, y suma más de setenta obras, pero entre ellas destacan sus recopilaciones poéticas *Inventario* e *Inventario Dos*, los cuentos de *La muerte y otras sorpresas* (1968), *Con y sin nostalgia* (1977) y *Geografías* (1984), las novelas *Gracias por el fuego* (1965) y *Primavera con una esquina rota*, que en 1987 recibió el Premio Llama de Oro de Amnistía Internacional, así como la irrepetible novela en verso *El cumpleaños de Juan Ángel*.

1.8. **Ahora escribe tu biografía. No olvides utilizar conectores temporales para relacionar los acontecimientos.**

....
....
....
....
....
....
....
....
....
....
....
....
....
....
....
....
....
....
....
....
....
....
....
....
....
....
....
....

Unidad 2

2.1. Lee el siguiente texto sobre cómo conseguir una espalda saludable y bonita. Completa los huecos con la forma de imperativo de los verbos del cuadro (escribe los pronombres de OD o OI que sean necesarios).

> colocar • permanecer • mantener • usar (2) • evitar • inclinarse • hacer (2) • aplicar (2) • extender • cruzar • acostarse • levantar • practicar • pedir

Consejos para mantener una espalda saludable.

Tener una espalda bonita es una tarea que además de suerte genética requiere cuidados especiales. La mayoría de la gente solo piensa en su espalda cuando siente dolor. Pero cuidar esta parte del cuerpo para que se mantenga saludable no solo ayuda a verse y sentirse más atractivo, sino que contribuye a eliminar y prevenir ese incómodo dolor que ataca la cintura, la parte media de la espalda o la base del cuello.

Estos cuidados y ejercicios son válidos tanto para hombres como para mujeres, pues ambos quieren verse y sentirse bien con su cuerpo.

1. .... una crema exfoliante para la espalda por lo menos dos veces al mes. .... con masajes circulares, con la ayuda de un cepillo especial para baño.

2. .... siempre una buena postura.

3. .... ejercicio regularmente. La natación es el deporte más conveniente para mantener una espalda saludable y en forma.

4. .... el sobrepeso, la primera afectada es siempre su espalda.

5. .... a su médico suplementos que incluyan vitaminas B12, B6 y B1, que refuerzan los músculos y los nervios.

6. No .... en la misma posición durante más de una hora.

7. Siempre que tome el sol, ... bronceador con factor de protección 30 o más.

8. Siempre que se acueste boca abajo, ... una almohada bajo su estómago, le ayudará a mantener la curvatura de la espalda.

9. Sentada con las piernas separadas, flexionadas levemente y manteniendo la espalda recta, ... hacia delante tratando de tocar los pies con las manos. .... diariamente tres series de 10, 15 ó 20 repeticiones según su resistencia.

10. .... *Aplíquese* .... duchas de agua caliente y fría, para estimular el tono muscular y la circulación sanguínea.

11. .... una colchoneta en el suelo, ... boca abajo, ... las manos detrás de la cadera y .... el pecho del suelo lo máximo posible. .... diariamente tres series de 10, 15 ó 20 repeticiones.

(Texto adaptado, "El tiempo"/*Revista Carrusel*)

2.2. Aquí tienes una serie de consejos para realizar una entrevista de trabajo. Completa los huecos con el verbo en imperativo en la forma usted.

1. .... (Ser) puntual.

2. .... (Vestirse) adecuadamente: no .... (llevar) ropa demasiado informal. .... (Dar) la mano a su entrevistador/a con firmeza, pero no le .... (romper) un hueso.

3. No .... (sentarse) antes que su entrevistador.

4. No .... (tumbarse) en la silla, ... (mantener) el cuerpo erguido.

5. Durante la entrevista no .... (jugar) con su pelo, no .... (cruzar) las piernas, ni los brazos.

6. .... (Comportarse) con naturalidad, pero .... (tratar) de usted a su entrevistador/a.

7. No .... (evitar) mirar a los ojos a su entrevistador/a.

8. .... (Responder) a las preguntas con claridad. No .... (alargar) demasiado sus respuestas ni .... (ser) demasiado breve.

9. No .... (mentir), ... (modificar) la realidad.

2.3. M.ª Luisa se ha ido de viaje y ha dejado a su hijo una nota con instrucciones. Transforma los infinitivos en imperativos utilizando los pronombres.

Ejemplo: *Entregar al profesor los deberes.* → **Entrégaselos.**

1. Lavarse las manos antes de comer. ....
2. Dar la comida al perro. ....
3. Ponerse el pantalón nuevo. ....
4. Poner el collar al perro para pasear con él. ....
5. Limpiar tu habitación. ....
6. Regar las plantas. ....
7. Dejar tus juguetes a tu hermana. ....
8. Hacer los deberes todos los días. ....

En la nota, M.ª Luisa le dice también a su hijo lo que no debe hacer.

Ejemplo: *No molestar a tu hermana.* → **No la molestes.**

9. No ver la tele hasta muy tarde. ....
10. No abrir la puerta a desconocidos. ....
11. No comerse todos los dulces. ....
12. No poner la música muy alta. ....
13. No quitar el dinero a tu hermana. ....
14. No abrir la jaula al canario. ....
15. No utilizar el ordenador durante mucho tiempo. ....

2.4. Aquí tienes unas expresiones con partes del cuerpo. Relaciónalas con su significado.

1. Estar hasta las narices.
2. Hacerse la boca agua a alguien.
3. Estar con el agua al cuello.

A. Tener un mal día.
B. Hablar muchísimo.
C. Estar cansado de una persona o de una situación.

4. Echar una mano a alguien.

5. Ir/andar de cabeza.

6. No dar pie con bola.

7. Poner a mal tiempo buena cara.

8. Hablar por los codos.

9. No pegar ojo.

10. Levantarse con mal pie.

D. Ayudar a alguien.

E. Tener muchísimo trabajo.

F. Tener muchos problemas económicos.

G. Sentir hambre de repente.

H. Equivocarse mucho, no hacer nada correctamente.

I. No poder dormir.

J. No perder el optimismo ante los problemas.

2.5. **Ahora completa las siguientes frases con las expresiones que has aprendido.**

1. .... de mi novio, siempre llega tarde.

2. ¡Qué bien huele! Cada vez que paso por la pastelería de la esquina ....

3. Desde que dejé el trabajo .... ya no puedo ni pagar el alquiler.

4. Este fin de semana me traslado de apartamento. ¿Puedes ....?

5. Pepe no ha podido venir a la fiesta porque .... en la oficina. Desde que despidieron a su compañero tiene el doble de trabajo.

6. En el examen de hoy no .... He confundido el imperfecto con el indefinido.

7. He suspendido el examen de español, mi novia me ha dejado y me han despedido del trabajo, pero yo siempre .... porque soy muy optimista.

8. Cada vez que me encuentro con mi vecina pierdo media hora porque (ella) .... y no puedo interrumpirla.

9. Con este calor es imposible ....

10. Ayer Laura estaba insoportable; .... y estaba enfadada con todo el mundo.

2.6. **Clasifica los consejos que te damos a continuación en las siguientes categorías.**

> **Evita la monotonía para mantener viva la pasión** • **No le llames** •
> **Ten una actitud positiva** • **Conserva a tus amigos de siempre** • **Compartid parte de vuestro tiempo libre** • **Muéstrate tal como eres** • **No olvides nunca su cumpleaños** •
> **Mantened vuestra independencia** • **Habla con tus amigos de tus sentimientos** •
> **No te obsesiones en encontrar pareja** • **Ten seguridad en ti mismo/a** • **Relaciónate con la gente** • **Intenta tener una buena relación con su familia** • **Haz ejercicio físico para superar el enfado** • **Recuerda todos los rasgos negativos de tu ex** •
> **Cuida tu aspecto** • **No pienses en los buenos momentos que habéis pasado juntos** •
> **Distráete: ve al cine, sal con gente, haz cosas para olvidar tu preocupación**

Consejos para conseguir pareja	Consejos para ser feliz con tu pareja	Consejos para olvidar un amor
....	....	....
....	....	....
....	....	....
....	....	....
....	....	....
....	....	....
....	....	....

2.7. ¿ERES UN BUEN ANFITRIÓN?

Estrategias para triunfar entre tus amistades

El éxito de una celebración depende en gran medida de la empatía y capacidad organizativa del anfitrión. La experta en relaciones públicas Diane White ofrece algunos consejos en su libro *Ideas y trucos para recibir amigos en casa* (Ed. Victor).

Lee estas pautas sin pensar en ti y escribe los verbos en imperativo:

(Si quieres practicar con la forma usted, también tienes las soluciones al final).

a) .... (Ser) organizado y previsor si quieres una fiesta perfecta: .... (citar) a los invitados a la misma hora y .... (tener) bebida o comida para todos los gustos.

b) .... (Adoptar) una actitud amable y divertida. .... (Ofrecer) tu mejor sonrisa, sincera, por supuesto, y .... (olvidarse) de preocupaciones y problemas: hablar de ellos puede ensombrecer la reunión.

c) .... (Evitar) ser el centro de atención y .... (convertirse) en mediador entre los invitados.

d) .... (Conseguir) que se relacionen entre sí: .... (hacer) las presentaciones convenientes.

e) .... (Usar) la empatía, ... (preocuparse) de que todos se sientan a gusto, es tu primera y más importante función.

f) .... (Resolver) los posibles problemas con tranquilidad, ... (evitar) los enfrentamientos o las reacciones que pueden contagiar nerviosismo.

g) En el momento de una tertulia, ... (adoptar) discretamente el papel de moderador neutral.

h) Y lo más importante: .... (tratar) a tus invitados con la hospitalidad que te gustaría recibir fuera de casa.

(Adaptado de la revista *Psicología Práctica*)

2.8. Lee los siguientes textos.

INVÍTALES A UN CÓCTEL

Desde los clásicos a los más vanguardistas; dulces, amargos, fuertes, ligeros... los hay para todos los gustos. No los dejes pasar y pon una nota de color a tus noches de verano.

Sobre el origen del cóctel hay casi tantas leyendas como países en el mundo. No se sabe muy bien el origen del cóctel, aunque sí se sabe que la idea apareció en algún punto de América. Algunos creen que fue el rey Axolot VII, en México, el primero en utilizar la palabra y en mezclar bebidas en las reuniones de protocolo que ofrecía. Otros creen que el cóctel se originó en Cuba y para otras personas el cóctel apareció en una taberna mexicana en la que los ingredientes de las bebidas se mezclaban con la raíz de una planta llamada cola de gallo (cock-tail, en inglés).

La primera referencia escrita es del año 1806: el 13 de mayo de ese año el *Nueva York Balance* publicó lo siguiente: "Un cóctel es una bebida estimulante compuesta de un licor de cualquier tipo, azúcar, agua y *bitter*, que se sirve durante las campañas electorales". Desde entonces ha llovido mucho y está claro que cualquier ocasión es buena para degustar un buen cóctel. Por otro lado, cada vez hay más combinaciones con nuevos ingredientes. Hoy día hay cócteles de todo tipo y para todos los gustos, aunque hay algunos clásicos que es obligatorio probar.

LOS GRANDES CLÁSICOS

En primer lugar tenemos el Margarita, una combinación de tequila, limón, azúcar y angostura, que debe su nombre a la esposa de un famoso hacendado que vivió en México en los años 20. Tenemos también el Cuba Libre, nacido, obviamente, en Cuba, y que consiste en una mezcla de ron cubano y Coca-cola. Otro de los grandes clásicos es el Bloody Mary, que ha salvado a mucha gente de los efectos de la resaca. Lo inventó un camarero neoyorquino en los años 20 y está compuesto de vodka, zumo de tomate, limón, pimienta, sal y tabasco. Otros cócteles famosos son el Daiquiri, el Dry Martini, el Mojito, la Piña Colada y muchos más.

Los cócteles son refrescantes y muy sabrosos. Además del Bloody Mary, existen otros buenos remedios para calmar las resacas: los egipcios tomaban col hervida, los asirios recomendaban el pico de golondrina y el escritor Thackeray fue el primero en recomendar la cerveza suave. Lord Byron prefería luchar contra la resaca tomando vino blanco y soda. Otra recomendación contra la resaca es beber mucha agua, o probar el Polynesian Pick-me-up, una mezcla de hielo con un chorrito de vodka, media cucharadita de curry en polvo, una cucharadita de zumo de limón, un chorrito de tabasco y pimienta de Cayena.

Si quieres preparar los mejores cócteles hay algunos utensilios que son imprescindibles en cualquier cocina: lo principal es tener una buena coctelera donde mezclar con habilidad los ingredientes. Además necesitas una cubitera para el hielo, pinzas para servirlo y una colección de vasos originales. Por último, solo necesitas un poco de imaginación para crear tus propias mezclas.

2.9. **Escribe la forma correcta de los verbos en imperativo (tú) y sabrás cómo preparar los mejores cócteles.**

BRISA MARINA

Ingredientes: vodka, zumo de arándanos, zumo de uva, lima cortada en rodajas, hielo.

Preparación: (combinar) .... en una coctelera el vodka con los zumos. (Picar) .... el hielo y (llenar) .... hasta la mitad dos vasos. (Echar) .... el contenido de la coctelera en los vasos, (añadir) .... un chorrito de lima y (decorar) .... el vaso con rodajas de lima.

NEGRONI

Ingredientes: campari, vermú, ginebra y una naranja.

Preparación: (cortar) .... la naranja en rodajas, (llenar) .... los vasos de hielo y (añadir) .... el campari, el vermú y la ginebra. (Colocar) .... tres rodajas de naranja como decoración.

SANGRÍA SUMATRA

Ingredientes: mosto, ron blanco, Cointreau y zumo de limón.

Preparación: (mezclar) .... el mosto bien frío con el ron y el Cointreau y (poner) .... un par de cucharadas de zumo de limón. Si te gustan las bebidas dulces, (impregnar) .... el borde del vaso con azúcar. No lleva hielo.

KIWI SURPRISE

Ingredientes: kiwis cortados en rodajas, ginebra y un chorrito de azúcar derretida.

Preparación: (triturar) .... los kiwis en un mortero y (añadir) .... el hielo, la ginebra y el sirope de azúcar. (Machacar) .... todo en el mortero y (echar) .... el resultado en vasos muy fríos.

GINGER FIZZ

Ingredientes: 3 finas rodajas de jengibre, vodka, vino blanco espumoso.

Preparación: (mezclar) .... el vodka con el jengibre en un mortero y (tritutar) .... todo. (Poner) .... hielo y (agitar) .... la mezcla. (Echar) .... el resultado en vasos de champán y (añadir) .... por último el vino espumoso.

(Adaptado de la revista *Glamour*)

2.10. **Contesta con verdadero o falso.**

	verdadero	falso
1. El cóctel es una bebida de origen inglés.	☐	☐
2. Los mexicanos fueron los creadores del cóctel.	☐	☐
3. Al principio el cóctel solo se servía en ocasiones formales.	☐	☐
4. Los cócteles se hacen siempre con el mismo tipo de ingredientes.	☐	☐
5. El cóctel más famoso contra las resacas es el Margarita.	☐	☐
6. La mayoría de los cócteles mencionados contienen azúcar.	☐	☐
7. Se sirven normalmente fríos.	☐	☐

2.11. **Tu fiesta ha sido un gran éxito: has conseguido ser un buen anfitrión y sorprender a tus invitados con tus cócteles. Sin embargo, después de la fiesta, tu casa tiene un aspecto horrible. A continuación te ofrecemos algunos trucos. Completa los huecos con el imperativo y sabrás cómo limpiar bien con menos esfuerzo.**

(Si quieres practicar con la forma usted, también tienes las soluciones al final).

1. Para eliminar el desagradable olor a comida que se extiende por toda la casa (echar, tú) .... un chorro de vinagre sobre la sartén todavía caliente. Y si tus manos huelen a cebolla (frotárselas, tú) .... con vinagre y nadie lo notará.

2. Si los invitados han puesto sus manos llenas de grasa sobre el espejo del baño (humedecer, tú) .... una esponja con alcohol y amoniaco y (pasarla, tú) .... por la superficie del espejo.

3. Uno de tus invitados te ha ayudado a fregar pero no lo ha hecho muy bien y tienes un vaso atascado dentro de otro. Para separarlos (llenar, tú) .... el superior con agua fría y (sumergir, tú) .... el inferior en agua caliente.

4. Después de la fiesta tu casa huele a tabaco y no es suficiente con abrir las ventanas. Para eliminar ese desagradable olor (poner, tú) .... recipientes con agua y vinagre o granos de café en diferentes lugares de la casa.

5. Para que las rosas que te han regalado duren más tiempo (hervir, tú) .... agua y (sumergir, tú) .... en ella los tallos antes de colocarlas en un jarrón.

6. Ahora tienes una colección de manchas de café y vino tinto en el sofá. Para eliminar el café (frotar, tú) .... la mancha con hielo. (Eliminar, tú) .... las manchas de vino tinto con sal o vino blanco. Pero si tu sofá es de cuero y está muy sucio (aplicar, tú) .... pequeñas cantidades de crema nutritiva de cara o de manos. (Extenderla, tú) .... y (dejar, tú) .... que se absorba.

7. En tu moqueta ha aparecido una extraña mancha marrón. Para eliminarla (poner, tú) .... vinagre y alcohol a partes iguales, (frotar, tú) .... la mancha, (aclararla, tú) .... con agua y (secarla, tú) ....

(Adaptado de la revista *Mía*)

Unidad 3

3.1. Seguro que cuando eras pequeño leías cuentos antes de dormir. ¿Recuerdas qué deseos tenían los personajes de algunos de los cuentos clásicos? Elige el verbo adecuado y escríbelo en la forma correcta del subjuntivo.

> • morder • crecer • enamorarse • casarse • comerse • llevarse
> • transformarse • ser • encontrarse • convertirse • despertarse

1. La madrastra de *Cenicienta:* ¡Ojalá el príncipe .... de una de mis hijas!

2. La gente de *Hamelin:* ¡Ojalá el flautista .... a todas las ratas fuera del pueblo!

3. El príncipe de *La Bella Durmiente:* ¡Ojalá esta bella joven .... con mi beso!

4. *Pinocho:* ¡Ojalá .... en un niño de verdad!

5. La Reina Malvada de *Blancanieves:* ¡Ojalá .... la manzana!

6. El lobo de *Los Tres Cerditos:* ¡Ojalá .... a estos cerditos tan sabrosos!

7. *Caperucita Roja:* ¡Ojalá no .... con el lobo en el bosque!

8. *Peter Pan:* ¡Ojalá no .... nunca y .... un niño para siempre!

9. *La Bestia:* ¡Ojalá Bella .... conmigo!

10. *El Patito Feo:* ¡Ojalá .... en un pato muy hermoso!

3.2. Escribe a continuación los deseos de otros personajes. No olvides usar la estructura "ojalá + subjuntivo".

1. El lobo de Caperucita: ....

2. Bella: ....

3. Los Siete Enanitos: ....

4. Cenicienta: ....

5. El Flautista de Hamelin: ....

3.3. Completa el siguiente crucigrama con las formas del presente de subjuntivo y descubre el nombre de una película de Pedro Almodóvar.

1. **Llamar,** 3.ª persona del plural.

2. **Amanecer,** 3.ª persona del singular.

3. **Volar,** 2.ª persona del plural.

4. **Saber,** 3.ª persona del plural.

5. **Haber,** 2.ª persona del singular.

6. **Decir,** 2.ª persona del singular.

7. **Entender,** 3.ª persona del singular.

8. **Colgar,** 3.ª persona del plural.

9. **Pedir,** 1.ª persona del plural.

10. **Soñar,** 1.ª persona del singular.

11. **Salir,** 2.ª persona del plural.

12. **Cerrar,** 2.ª persona del singular.

13. **Conocer,** 1.ª persona del plural.

1. _ _ _ _ _ _
2. _ _ _ _ _ _ _
3. _ _ _ _ _ _
4. _ _ _ _
5. _ _ _ _
6. _ _ _ _
7. _ _ _ _ _ _ _
8. _ _ _ _ _ _
9. _ _ _ _ _ _
10. _ _ _ _ _
11. _ _ _ _ _ _ _
12. _ _ _ _ _ _
13. _ _ _ _ _ _ _ _ _ _

Título de la película:

....

3.4. **Completa las siguientes frases con los verbos en presente de subjuntivo.**

1. ▷ Mañana tengo un examen. Espero que no (ser) .... muy difícil.

   ► Que te (ir) .... bien.

2. ▷ El próximo domingo nos vamos todos de vacaciones. Espero que (divertirse, nosotros) ....

   ► Pues yo espero que no (llover) ...., porque últimamente tenemos muy mala suerte con el tiempo.

3. ▷ ¿Sabes que Pancho tiene una nueva novia?

   ► ¿Sí? ¡No me digas! Pues ojalá (tener, él) .... más suerte con ella, porque con Bea lo pasó muy mal, el pobre.

4. ▷ Chicos, lleváis 3 horas estudiando ¿Queréis que os (traer, yo) .... algo de comer?

   ► Sí, gracias mamá.

5. ▷ A. Soy el genio de la lámpara de Aladino y te concedo tres deseos.

   ► Pues, deseo que mi casa (convertirse) .... en un palacio y que la princesa Madeleine (enamorarse) .... de mí. Mi último deseo es que (haber) .... paz en el mundo.

3.5. **En las siguientes notas faltan los verbos. Escríbelos en la forma correcta. Recuerda escribir "que" cuando sea necesario.**

Ejemplos: *Quiero* que *Juan* venga *a la fiesta.*
          Quiero comprarme *un coche nuevo.*

1.

José Javier, cariño, necesito .... (ir, tú) al supermercado y .... (comprar, tú) azafrán, porque quiero .... (hacer) una paella mañana.

2.

Srta. Gracita,
La señora Morales quiere .... (llamar, usted) por teléfono al señor Landa y le .... (decir, usted) que necesita .... (tener) el informe mañana por la mañana.

3.

Queridos amigos,
Deseo .... (pasar, vosotros) una feliz Navidad y .... (tener, vosotros) un próspero Año Nuevo.

    Besos,

      M.ª Luisa

4.

Muchas gracias Marta por invitarme a tu boda, pero por desgracia no puedo asistir. Te envío un regalo, espero .... (gustar, tú).

3.6. **Completa el siguiente diálogo entre Quique y sus amigos con la forma correcta del verbo entre paréntesis. Recuerda escribir "que" cuando sea necesario.**

Quique, el hijo de M.ª Luisa y José Javier, está con sus amigos (Pancho, Javi, Bea, Desi, Tito y Piraña) para organizar el próximo fin de semana.

Quique: ¿Qué podemos hacer este fin de semana?

Javi: Pues hay un concierto fantástico el sábado por la noche. ¿Queréis ....*que vayamos*........ (ir, nosotros)?

Tito: ¡Pero yo no puedo ir! Mis padres no quieren .... (salir, yo) por la noche.

Piraña: A mí mis padres tampoco me dejan. Yo prefiero .... (quedar, nosotros) más temprano y .... (jugar, nosotros) al fútbol.

Bea: Todos los sábados hacemos lo mismo. ¡Estoy hasta las narices!

Pancho: Pues ¿qué quieres .... (hacer, nosotros)? ¿Tienes una idea mejor?

Bea: ¡Pues sí! Desi, ¿por qué no vamos tú y yo de compras? Necesito .... (renovar, yo) mi vestuario.

Desi: Pero Bea, ya fuimos la semana pasada. Yo prefiero .... (estar, nosotros) todos juntos.

Quique: ¡Chicos! Mis padres se van fuera el fin de semana. ¿Queréis .... (organizar, nosotros) una fiesta en mi casa?

Todos: ¡Síííííííííí!

3.7. **Completa las frases con el verbo en el tiempo y la forma correcta.**

Ejemplo: Mis padres no me permiten que fume.

1. Te ordeno que (volver) .... antes de medianoche.

2. Mis padres no me permiten que (tener) .... un gato.

3. Hijo mío, te aconsejo que no (perder) .... el tiempo y (estudiar) .... mucho más.

4. ¡Estoy harta! Todos los días mis padres me mandan que (sacar, yo) .... la basura.

5. Les he pedido a mis padres que me (regalar) .... una moto, pero me han dicho que (ser, yo) .... demasiado joven.

6. Papá, mi profesor me ha recomendado que (ir, yo) .... a España para (mejorar) .... mi pronunciación.

7. Lo siento, chicos, mis padres me han prohibido que (hacer, nosotros). .... la fiesta en casa.

3.8. **Escribe la forma adecuada del verbo: ¿infinitivo o subjuntivo?**

Adolescentes europeos 2003:

1. Emelie tiene 15 años y vive con sus padres y su hermano en Estocolmo. Dice que tiene una buena relación con sus padres, aunque algunas veces quieren que ella (hacer) .... cosas que no le gustan. Sus padres no le ordenan que (colaborar) .... más en las tareas de casa, solo le piden que (recoger) .... la mesa y (hacer) .... su cama. Entre semana puede salir con sus amigos, pero tiene que estar en casa antes de la cena y los fines de semana sus padres le permiten que (salir) .... hasta la una y media de la mañana. Emelie quiere (estudiar) .... Medicina y prefiere no (dejar) .... su casa hasta los 20 años. También quiere (casarse) .... y (tener) .... dos o tres niños.

2. Iñigo tiene 17 años y vive con sus padres y su hermana en Madrid. No discute mucho con sus padres y casi nunca le castigan, porque sus padres prefieren (hablar) .... con él y que él mismo (razonar) .... las cosas. Sus padres no le permiten que (salir) .... entre semana pero los fines de semana puede salir hasta las cuatro o las cinco de la mañana. No quiere (dejar) .... el hogar familiar hasta los 30 años. Prefiere vivir con su novia antes de casarse y quiere (tener) .... uno o dos hijos.

(Adaptado de *El Semanal*, ABC)

3.9. **Transforma los siguientes párrafos en frases en las que aparezca el subjuntivo.**

"Las mujeres critican a los hombres por ser insensibles y descuidados, por no escuchar, por no ser afectuosos y comprensivos, por no comunicarse, por no expresarles todo el amor que ellas necesitan, por no comprometerse en las relaciones, por preferir el sexo a hacer el amor y por dejar la tapa del inodoro levantada".

Las mujeres quieren que los hombres sean más sensibles y no sean tan descuidados, necesitan

que los hombres las escuchen y ....

....

....

"Los hombres critican a las mujeres por su forma de conducir, por no entender las guías, por mirar los mapas al revés, por su falta del sentido de la orientación, por hablar demasiado sin ir al grano, por no tomar la iniciativa en el sexo más a menudo y por bajar la tapa del inodoro."

Los hombres quieren que las mujeres conduzcan mejor y ....

....

....

3.10. **Escribe el opuesto de las siguientes palabras (puedes escribir más de una).**

insensible ....   agresivo ....

comprensivo ....   hablador ....

capaz ....   ordenado ....

descuidado ....   cariñoso ....

Unidad 4

4.1. Completa las siguientes frases con el verbo en futuro imperfecto.

1. ▷ ¿Quién crees tú que (ganar) .... la liga de fútbol este año?

   ▶ La verdad es que no entiendo nada de fútbol pero pienso que (tener) .... que ganar el mejor ¿no?

2. ▷ ¿Vas a venir mañana a la fiesta?

   ▶ No sé si (poder) .... , tengo muchísimo trabajo.

3. ▷ Estoy muy preocupado por Luis, todavía no ha llegado y es siempre muy puntual.

   ▶ ¡Tranquilo! (estar) .... en un atasco.

4. ▷ ¿Tú sabes cuándo (volver) .... Pepe y Pepa de sus vacaciones?

   ▶ Pues no estoy muy seguro, creo que (venir) .... la semana próxima.

5. ▷ Hoy he visto en la tele al famoso actor Richard Richardson y estaba muy cambiado. ¿Crees que (ser) .... muy mayor?

   ▶ No sé... imagino que (tener) .... más o menos mi edad, así que no es muy mayor.

6. ▷ ¿Ya tienes planes para esta noche?

   ▶ Bueno, todavía no hay nada seguro, pero creo que (salir) .... con mis amigos a dar una vuelta por el centro.

4.2. En estos momentos tú estás estudiando español y no sabes qué están haciendo las personas que son importantes para ti. Formula hipótesis con el futuro imperfecto sobre tu familia y tus amigos. ¿Dónde estarán ahora? ¿Qué estarán haciendo en este momento...?

   Ejemplo: *En este momento, mi madre estará en la oficina.*

1. ....
2. ....
3. ....
4. ....
5. ....
6. ....

4.3. Completa las siguientes frases con el verbo en futuro perfecto.

1. ▷ Me pregunto quién (ganar) .... el partido de fútbol.

   ▶ No te preocupes, hombre, seguro que el (ser) .... tu equipo favorito.

2. ▷ Hace ya una hora que ha terminado la fiesta y Luis no estaba. ¿Por qué no (venir) .... ? ¿Tú qué crees?

   ▶ Imagino que no (poder) .... venir debido a su trabajo.

3. ▷ Me pregunto dónde (ir) .... Pepe y Pepa de vacaciones.

▶ Pues no estoy muy seguro pero creo que (escaparse) .... a alguna isla desierta.

4. ▷ Ya he terminado mis exámenes y ahora tengo que esperar las notas... estoy tan nerviosa... no sé si (hacer) .... todo bien.

▶ Tranquilízate, seguro que (aprobar) .... todo.

5. ▷ Ayer compré un pastel de chocolate y lo dejé en la nevera pero ha desaparecido...

▶ Bueno, ya sabes que los niños son muy golosos, (venir) .... a la cocina esta noche y se (comer) ....todo.

6. ▷ ¡Dios mío! ¡La luz de casa está encendida! ¿(Entrar) .... un ladrón? ¡Vamos a llamar a la policía!

▶ Espera, espera, yo creo que Luis (olvidar) .... apagar la luz. Ya sabes que es muy despistado.

4.4. **Formula ahora hipótesis sobre las actividades que tu familia y tus amigos habrán realizado durante el tiempo que tú llevas en España. Usa el futuro perfecto.**

Ejemplo: *Durante estas semanas, mi padre habrá comprado un coche nuevo.*

1. ....

2. ....

3. ....

4. ....

5. ....

6. ....

4.5. **Completa las frases con el verbo en condicional.**

1. ▷ ¿Sabes a qué hora empezó ayer la conferencia?

▶ .... (empezar) a las cinco, igual que la de la semana pasada.

2. ▷ Estuve buscando ayer a Maribel y no la encontré, ¿Sabes dónde estaba?

▶ No sé, supongo que .... (estar) en la biblioteca porque mañana tiene el examen final de Literatura.

3. ▷ ¡Hola Pedro! ¿Cómo fue la fiesta anoche?

▶ Muy bien, pero bebí mucho y no recuerdo demasiado.

▷ ¿Y a qué hora volviste a casa?

▶ Pues no sé, ... (volver) sobre las seis porque mi padre justo se iba a trabajar.

4. ▷ ¿Sabes que anoche Jesús llegó a casa a las 5 de la mañana? ¿Qué crees que le (decir) .... sus padres?

▶ Pues, no sé, pero seguro que (enfadarse) .... con él.

5. La semana pasada fuimos a la fiesta de Tony y Melania y no sé cuánta gente (haber) ...., pero (ser, nosotros) .... unas 100 personas.

4.6. **Completa las siguientes frases usando el futuro imperfecto, el futuro perfecto o el condicional.**

1. ▷ No encuentro las llaves.

▶ .... (dejarlas) puestas en la puerta, como siempre. ¡Eres tan despistado!

2. ▷ Ayer me crucé con Joaquín, pero no me saludó. ¿ .... (Estar) enfadado todavía?

   ► No, hombre, Joaquín no es rencoroso. No .... (verte).

3. ▷ Ayer Fernando fue al despacho del director y estuvo casi una hora.

   ► .... (explicarle, él) el incidente que hubo el martes.

   ▷ Pero esta mañana no ha venido a trabajar. ¿Crees que .... (despedirlo, ellos)?

   ► No, no creo, ... (ir) a la reunión del sindicato que tiene cada viernes.

4. ▷ ¿Crees que .... (haber) espacio para tanta gente?

   ► No estoy muy seguro, pero creo que no ....(venir) todo el mundo.

5. ▷ Ya ha pasado una hora y Quique todavía no ha llegado. ¿Dónde crees que ....
   .... (estar)?

   ► No te preocupes, probablemente .... (dormirse) porque su despertador no .... (sonar). Como siempre.

4.7. **Matt Groening es el creador de algunas de las series de dibujos animados más conocidas, como _Los Simpson_ o _Futurama_. A continuación tienes un texto en el que se habla del futuro según la serie _Futurama_. Completa los huecos con la forma adecuada del futuro imperfecto o del futuro perfecto.**

¿Y cómo (ser) .... el mundo del año 3000? ¿(Ser) .... un mundo perfecto como muestran algunas películas? ¿(Haber) .... una galaxia en guerra?

El futuro según Groening no (ser) .... muy distinto a la actualidad. El centro de la sociedad (seguir) .... siendo la televisión, con sus series de siempre y todo lo que ya sabemos de ella. La tecnología ya (avanzar) .... muchísimo. (Haber) .... grandes avances en medicina, transporte e ingeniería de todo tipo. Las ciudades (estar) .... compuestas por enormes edificios futuristas de todo tipo y todo aspecto, los coches no solo (volar) .... sino que (poder) .... realizar viajes espaciales. Sin embargo, el tráfico (seguir) .... siendo una pesadilla en las grandes ciudades.

También habitantes de otros planetas y especies extrañas hace tiempo que (instalarse) ....
.... en la Tierra y que (integrarse) .... plenamente en la sociedad. Además, en este futuro, no (haber) .... que preocuparse por el trabajo; a cada persona se le (asignar) .... el trabajo que desempeñará el resto de su vida.

Los robots ya (convertirse) .... en miembros totalmente activos de la sociedad, ellos (ser) .... la principal mano de obra y (tener) .... independencia y los mismos derechos y privilegios que los humanos (excepto en determinados ámbitos). (Haber) .... planetas habitados enteramente por robots. Los robots (usar) .... el alcohol como fuente de energía química para cargar sus células de energía.

Las astronaves (realizar) .... viajes intergalácticos en cuestión de horas. El transporte espacial (estar) .... muy difundido porque anteriormente los gobiernos (construir) .... "autopistas" espaciales de tráfico. La seguridad de estos viajes espaciales (ser) .... un problema, ya que cualquier nave de transporte (poder) .... ser atacada en cualquier momento por misteriosas criaturas espaciales o por naves de grupos delictivos como piratas o la mismísima Robo-Mafia. Por eso algunas naves (ir) .... armadas con cañones de auto-defensa y (disponer) .... de gran velocidad y maniobrabilidad para

tratar de escapar de sus enemigos. Las naves en principio (estar) ....
todas equipadas con piloto automático y (poder) .... despegar y aterrizar por sí mismas. Sin embargo (continuar) .... siendo pilotadas por tripulantes humanos y no humanos.

(Adaptado de *http://futurama.metropoliglobal.com/futuro.html*)

4.8. **Ángela y Chema son dos estudiantes que están investigando la desaparición de Vanessa, sucedida hace dos años. En este momento le hacen una entrevista a Bosco, amigo de Vanessa, para intentar descubrir qué pasó.**

ÁNGELA: Bosco era compañero de Vanessa. Cuéntanos cómo sucedió todo.

BOSCO: Pues... Vanessa llevaba varios días sin ir a clase... Llamamos a su casa y nos dijeron que había desaparecido. La policía estuvo buscándola durante varios meses pero nunca más tuvimos noticias de ella.

ÁNGELA: ¿Crees que la raptaron?

BOSCO: Hay gente que piensa eso, pero es absurdo. Cuando desapareció, Vanessa envió una carta a su familia, explicando que estaba enamorada de un chico y que se iba con él por su propia voluntad. Además, nunca se pidió un rescate.

ÁNGELA: ¿Y vosotros no sospechasteis nada, quiero decir, no estabais al tanto de su vida privada?

BOSCO: Yo no soy espía de nadie... ¿Y tú?

ÁNGELA: ¿Tenéis alguna idea de con quién se pudo fugar?

BOSCO: No, pero conociendo a Vanessa... tuvo que ser alguien... excepcional.

ÁNGELA: ¿Excepcional en qué sentido?

BOSCO: En todos los sentidos.

A continuación, Bosco graba un mensaje para Vanessa:

BOSCO: Vanessa, sé que han pasado ya dos años, y que seguramente tú ya has hecho tu vida... Pero estés donde estés, quiero que sepas que tus amigos no te olvidamos. Por favor, Vanessa, vuelve... Te quiero.

(Adaptado de la película *Tesis*, de Alejandro Amenábar)

4.9. **¿Qué crees tú que habrá pasado con Vanessa? ¿Crees que se habrá escapado con un chico y que estará feliz viviendo con él? ¿Crees que la habrán matado? Formula tus hipótesis.**

....
....
....
....
....
....
....
....
....
....

Unidad 5

5.1. **Completa las siguientes frases con la forma correcta del verbo.**

1. ▷ Estoy pensando que mañana tal vez (irse, yo) .... a dar una vuelta por la playa.

▶ ¡Uy! Pues ha dicho el hombre del tiempo que a lo mejor (llover) .... en toda la península.

2. ▷ ¿Cómo llevas el trabajo?

▶ Fatal, la verdad es que es imposible que para mañana (estar) .... terminado. Quizá (necesitar, yo) .... un poco más de tiempo.

3. ▷ Acabo de leer que, en el futuro, es más que probable que los ordenadores (poder) .... tener reacciones humanas.

▶ ¡Sí, claro! Y a lo mejor los aviones (volar) .... solos. ¡Tú has visto demasiadas películas de ciencia ficción!

4. ▷ ¿Sabes una cosa? Puede que mis padres me (dejar) .... ir este verano a Inglaterra para estudiar inglés.

▶ ¿Para estudiar? Sí, sí... lo más probable es que (ir, tú) .... a Inglaterra para salir de fiesta sin el control de tus padres.

5. ▷ He presentado una solicitud para ese puesto de trabajo... quizá me lo (dar, ellos) ...., pero no estoy muy seguro.

▶ ¡Tranquilo! Lo más probable es que te (llamar, ellos) .... Tú tienes un currículum excelente.

5.2. **Lee el siguiente texto y elige la forma adecuada del verbo.**

La inteligencia artificial

El desarrollo de la inteligencia artificial suscita algunas cuestiones interesantes acerca de qué se puede/pueda esperar en el futuro de la humanidad. Por ejemplo, la convivencia de tres especies: los hombres, las máquinas y los híbridos o posthumanos, es decir, los hombres-máquina. Este y otros temas han sido tratados no solo por la ciencia ficción, sino también por científicos de todo el mundo. Debido a la velocidad de evolución de las nuevas tecnologías, es probable que en dos décadas los científicos serán/sean capaces de lograr el desarrollo de máquinas más inteligentes que el ser humano. Por otro lado, es muy posible que nuestra evolución irá/vaya unida a esa misma tecnología. Podríamos pensar que el ser humano, tal como lo conocemos hoy en día no sea/será el último eslabón en la cadena evolutiva y que en algunas décadas encontremos/encontraremos en la Tierra a los posthumanos, hombres y mujeres que harán/hagan uso de la tecnología para aumentar sus capacidades físicas, intelectuales y psicológicas. Pero puede ser que los seres humanos no estamos/estemos preparados para aceptar unos cambios tan rápidos en nuestra forma de vida. Además, es más que probable que todos estos avances nos obligan/obliguen a plantearnos una serie de preguntas de carácter moral.

5.3. ¿Sabes qué significan los sueños? Elige la opción que creas adecuada o correcta y realiza tus hipótesis.

Soñar con...

- **Accidente**
  - a) necesitas aventuras
  - b) el peligro te acecha
  - c) necesitas un coche nuevo

- **Asesinato**
  - a) algo en tu vida no te gusta
  - b) tienes que hablar con tu pareja
  - c) sientes miedo de la policía

- **Dientes**
  - a) ganarás mucho dinero
  - b) habrá cambios en tu vida
  - c) tienes mucha agresividad contenida

- **Ahogarse**
  - a) necesitas una ducha
  - b) te sientes inseguro/a
  - c) tienes dificultades en tu vida

- **Desnudez**
  - a) te sientes inseguro/a
  - b) tienes miedo a la muerte
  - c) odias las marcas del bañador

- **Puertas**
  - a) algo bueno te espera
  - b) debería estudiar para cerrajero
  - c) no tienes complejos

5.4. Escribe a continuación una frase explicando qué opción has elegido y por qué. No olvides usar los marcadores de probabilidad, como en el ejemplo.

EXPLICACIONES:

1. Soñar con un accidente tal vez signifique que el peligro te acecha porque un accidente es una situación de peligro que refleja nuestros temores de la vida cotidiana.

2. Soñar con ahogarse quizá quiera decir que ....

3. ....

4. ....

5. ....

6. ....

5.5. Formula tus hipótesis sobre las siguientes situaciones. Presta atención a los tiempos verbales que aparecen en ellas para saber si debes utilizar indicativo, subjuntivo, futuro de probabilidad o condicional. Fíjate en el ejemplo.

1. ¿Cómo crees que serán los móviles del futuro?
   Probablemente sean mucho más pequeños, los podremos llevar en el anillo, tal vez funcionen simplemente con la voz y no necesitemos marcar el número.

2. ¿Qué crees que haría ayer tu compañero de la izquierda después de clase?
   ....

   ....

3. ¿Cómo crees que es la vida cotidiana del presidente de tu país?

....

4. ¿Cómo crees que se divertirían los niños de la Prehistoria?

....

5. ¿Cómo se hará una paella?

....

....

6. ¿Qué crees que hace tu profesor después de clase?

....

....

7. ¿Cómo crees que se sentiría Colón cuando llegó a América? ¿Y los indios?

....

....

5.6. **Completa las siguientes frases con adjetivos o pronombres indefinidos.**

1. ▷ ¿Tienes .... libro de Filosofía tántrica?

▶ Sí, creo que en aquella estantería tengo ....

2. ▷ ¿ .... sabe dónde está M.ª Luisa? No sé nada de ella desde la unidad 4.

▶ Sí, yo la he visto tomando .... en la cafetería.

3. ▷ Buenos días. ¿Tienen .... producto verdaderamente eficaz para eliminar las cucarachas?

▶ No, lo siento mucho, pero la Humanidad todavía no ha encontrado .... solución definitiva.

4. No hay .... en la nevera. El problema es que luego van a venir .... amigos y no hay .... tienda donde poder comprar ....

5. .... personas opinan que .... debería usar el coche en el centro de las grandes ciudades.

6. No conozco a .... capaz de hablar más de cinco idiomas perfectamente.

5.7. **Selecciona la opción correcta.**

1. ¿Estás esperando a alguien / algo?

2. ¿Estás esperando alguien / algo?

3. He visto que hay algún / alguna problema con el aire acondicionado.

4. ¿Hay alguien / alguno interesado en este viaje?

5. ¿Hay alguien / algún cliente interesado en este viaje?

6. ▷ ¿Necesitas algún / alguno consejo?

▶ No gracias, no necesito ninguno / ningún.

7. ¿Tienes algo / algunas monedas para prestarme?

8. ▷ ¿Qué tal la conferencia?

▶ Muy aburrida. No han dicho algo / nada interesante.

5.8. Sustituye la frase de relativo por un adjetivo.

1. Las ondas son energías *que no se pueden ver*.
   Las ondas son energías *invisibles*.

2. El futuro es algo que no se puede predecir.

3. Este es un tipo de cristal que no se puede romper.

4. No me gustan las cosas que tienen mucho lujo.

5. Ella sintió una emoción que no pudo contener.

6. Pepe tiene una enfermedad que no se puede curar.

7. En clase hay cosas que no comprendo.

8. Antonio hace trabajos que jamás olvidaremos.

9. El futuro es algo que no se puede explicar.

10. En Cádiz hicimos una barbacoa que no se volverá a repetir.

5.9. Completa con la forma verbal adecuada en indicativo o subjuntivo.

1. Habla con alguien que (saber) .... mucho de las vanguardias.

2. Consígueme un fontanero que me (arreglar) .... esta avería.

3. He visto todas las películas de ese director, de las cuales (preferir) .... la primera.

4. No sé lo que (declarar, ellos) .... ayer en el juicio.

5. Los trajes que (exhibirse) .... en la pasarela han sido diseñados por Lupe.

6. Este género teatral es el que mejor (tratar) .... las costumbres de la época.

7. Este es el sendero, donde (perderse, yo) .... durante la excursión.

8. Su origen data de la época de Felipe II, el cual (comprar) .... los terrenos para la construcción del palacio.

9. En este museo es donde (exponerse) .... actualmente las obras más representativas.

10. En los minutos finales salió el jugador que (sentenciar) .... el partido.

Unidad 6

6.1. Joselín de Palique (un famoso torero español) y Birgit Burdot (famosa actriz francesa y defensora de los animales) se encuentran en una fiesta y empiezan a hablar sobre una de las tradiciones españolas más polémicas: los toros. Completa los huecos con una forma correcta del indicativo o del subjuntivo.

B.B.: Me parece una vergüenza que ustedes, los españoles, (mantener) .... en la actualidad una costumbre tan horrible como las corridas de toros.

J.P.: ¡Pero mujer! ¿Por qué? Es importante que nosotros, los españoles (conservar) .... nuestras tradiciones y que (transmitir) .... nuestra cultura a nuestros hijos.

B.B.: Pero, pero... ¿Es posible que (llevar, ustedes) .... a sus hijos a ver esos espectáculos? ¡Son ustedes unos salvajes! Me parece que (ser) .... una barbaridad.

J.P.: Pues yo creo que ustedes, los extranjeros no (comprender) .... en qué consiste esta tradición y no (darse cuenta) .... de la importancia que tiene para la cultura y la economía.

B.B.: Pues yo no estoy de acuerdo con usted.

6.2. Keiko Yamamoto y Wolfram Schnelle son dos estudiantes de español que están practicando las estructuras de opinión y valoración, mientras discuten sobre la caza de ballenas. Completa los verbos con una forma correcta del indicativo o del subjuntivo.

W.S.: ¿Es cierto que en Japón todavía (cazar, vosotros) .... ballenas?

K.Y.: Sí, claro, pero menos que antes. Es una lástima que (ser) .... tan difícil encontrar carne de ballena en las tiendas porque está muy buena.

W.S.: Vale, Keiko, yo entiendo que es una parte de vuestra gastronomía, pero me parece que (estar) .... fatal que no (respetar, vosotros) .... los acuerdos internacionales sobre la caza de ballenas.

K.Y.: Si, Wolfram, entiendo tu punto de vista, pero es muy difícil que un acuerdo internacional (cambiar) .... las costumbres y la economía de un país.

W.S.: Es lógico que (defender, tú) .... las costumbres de tu país, pero es evidente que no (estar, nosotros) .... de acuerdo.

K.Y.: De todas formas, Wolfram, solo estamos hablando tú y yo. ¿Por qué no escuchamos la opinión de nuestros compañeros? Creo que aquí hay gente de Noruega...

6.3. Completa el texto con los conectores del recuadro.

> * ya que * además * por otra parte * para empezar
> por último * puesto que * por un lado
> en definitiva * por otro lado * respecto a * por una parte

................................, es necesario dejar bien claro por qué se fuma: fumar no es un hábito, sino una drogadicción. Fumar tabaco cumple con todos los criterios que definen el consumo de una sustancia como una drogadicción; ...., crea un síndrome de dependencia en el fumador y, ..., provoca un síndrome de abstinencia en ausencia de la droga. .... genera en los fumadores un comportamiento compulsivo provocado por el deseo de satisfacer su necesidad.

.... la dependencia que produce el hábito de fumar tenemos, ..., la dependencia física provocada directamente por la nicotina y, ..., existe una dependencia psicológica .... el hábito de fumar se ha convertido en una compañía en todo tipo de situaciones, después de las comidas, con el café, al hablar por teléfono, etc., y parece imposible cambiar esta relación. ...., existe la llamada dependencia social; el fumar sigue siendo un acto social, se hace en grupos, en ciertas reuniones de ocio, tras cenas con los amigos y, sobre todo, sigue siendo un hábito que distingue a ciertos grupos de adolescentes dándoles un equivocado valor social de rebeldía y de madurez. ...., debemos dejar el tabaco .... su consumo constituye la principal causa de enfermedad y mortalidad evitables en los países desarrollados.

6.4. Completa ahora el siguiente texto con los conectores adecuados.

> • por otra parte • además • sin embargo • en definitiva
> en primer lugar • por una parte
> sin embargo • en segundo lugar • en cuanto a

Parece claro que la mayoría de los gobiernos de los países industrializados están decididos a conseguir que sus ciudadanos dejen de fumar, ..., lo que no está tan claro es el sistema que usan dichos gobiernos.

...................................., los fumadores, cada vez más, son obligados a fumar en auténticas "jaulas" o a la intemperie, padeciendo unas condiciones climáticas muy duras.

...................................., la televisión, la radio y los periódicos están saturados con información acerca de la prohibición de fumar y con noticias de demandas contra las compañías tabacaleras. ...., cualquier noticia científica que demuestra que el humo ajeno no es peligroso para la salud ni siquiera se publica. Estas campañas antitabaco generan, ..., una imagen del fumador como un *asesino de los no fumadores.*

.... las zonas de fumadores, no siempre las hay pero son generalmente incómodas y pequeñas. ...., nuestra sociedad considera, ..., que los fumadores son enfermos a los que hay que ayudar a dejar su adicción y, ..., genera un clima de odio y de persecución a los fumadores que no beneficia a nadie.

6.5. Escribe el verbo en la forma correcta.

1. ▷ Mira, M.ª Luisa, el periódico dice que España va bien.

   ▶ ¿Ah, sí? Pues a mí no me parece que (ir) .... tan bien.

2. ▷ Yo creo que los pimientos del piquillo (estar) .... mejor rellenos de gambas. ¿A ti qué te parece?

   ▶ A mi me parece que no (tener, tú) .... ni idea de lo que estás diciendo. Yo creo que el bacalao (ser) .... el mejor ingrediente que pueden llevar.

3. ▷ ¿Quién crees que (ser) .... el mejor superhéroe de la historia? ¿Superman o Batman?

▶ La verdad es que a mí no me parece que Batman (ser) .... un superhéroe, solo es un tipo duro disfrazado de murciélago. Yo pienso que, para ser un superhéroe, los superpoderes (ser) .... imprescindibles.

4. ▷ Yo no creo que (estar) .... mal incluir en este ejercicio la pregunta "¿No crees que el aire acondicionado está demasiado fuerte?", porque los alumnos nunca entienden por qué no lleva subjuntivo.

▶ ¿Y por qué no lleva subjuntivo?

▷ Pues porque equivale a decir: "Yo creo que el aire acondicionado (estar) .... demasiado fuerte, ¿no crees?".

5. ▷ Pues mi hermano me ha dicho que él no cree que los Reyes Magos (ser) .... los padres.

▶ Pues yo creo que no (existir) .... los Reyes porque no creo que (tener) .... tiempo de recorrer todo el mundo en una sola noche.

▷ ¡Pero tú qué dices! ¿No ves que son Magos?

6.6. **Completa con la forma correcta.**

1. A mí me parece que no (ser) .... justo que la vivienda en España (costar) .... tanto dinero.

2. Me parece una buena idea que en las empresas (haber) .... guarderías para los hijos de los empleados. Me parece que la idea (venir) .... de Suecia.

3. Yo creo que (ser) .... lógico que (pagar) .... más impuestos las personas que ganan más dinero.

4. Está claro que el mundo (atravesar) .... una situación de crisis, pero a mí no me parece que (ser) .... la peor crisis de la Historia.

5. A mí no me parece bien que los científicos (dedicarse) .... a descubrir cómo elegir el sexo de tus hijos. No creo que el ser humano (deber) .... jugar a ser Dios.

6. Consideramos necesario que los gobiernos occidentales (asumir) .... su responsabilidad hacia los países menos favorecidos.

7. Es necesario que los estudiantes (estudiar) .... el subjuntivo, pero es lógico que al principio les (costar) .... trabajo usarlo.

6.7. **A partir de los elementos que te damos, escribe minidiálogos en los que se pregunte por la opinión, se exprese valoración, acuerdo y desacuerdo, se exprese la opinión o se confirme una realidad.**

Ejemplo: *Matrix 2; bien hecha*   *Fantástica;*   *No valer nada, horrorosa;*
                                       mucha imaginación   *no lógica*

▷ *Ayer fui a ver Matrix 2. Me parece una película muy bien hecha. ¿Qué pensáis vosotros?*

▶ *A mí me parece una película fantástica, con mucha imaginación.*

▷ *¡Qué dices! En mi opinión no vale nada, es horrorosa, creo que no tiene ninguna lógica.*

1.   Nueva falda Maribel;   Original; quedar fatal   No quedar tan mal;
       muy original   un poco ancha

▷ ....

▶ ....

▷ ....

2. Nuevo novio de   Educado y formal   Mostrar desacuerdo;
María Fernanda   claro, ser un gamberro

▷ ....

▶ ....

▷ ....

3. No seguro poder ir   Pena; interesante   Interesante ver exposición
exposición de Barceló   pedir opinión   Barceló

▷ ....

▶ ....

▷ ....

4. Preguntar opinión fusión   Evidente innovación;   Expresar desacuerdo; claro,
ritmos música   error mezclar estilos   evolución; bueno fomentar
fusión estilos

▷ ....

▶ ....

▷ ....

6.8. **Completa los huecos del texto con los conectores y verbos de los cuadros de la página siguiente. No te olvides de poner el verbo en indicativo o subjuntivo según la estructura de opinión o valoración que lo acompaña.**

Una vida al alcance de pocos

No sé a quién va dirigido este mensaje, solo sé que siento unas ganas enormes de gritar y hacer que todas las personas de este país escuchen lo que tengo que decir.

.... , me parece una vergüenza que esta sociedad no .... del problema más importante en la vida de la mayoría de los ciudadanos españoles: la economía. Me pregunto: ¿cómo se hace? Coche, seguro, gasolina, piso, comer, vestirse y no digamos más si hay que ir al dentista a que te arranquen los pocos euros que te quedan. .... , es increíble que (ellos) .... de la natalidad.

Por favor, seamos serios, es evidente que el tipo de vida de hoy .... para personas de alto nivel social, cuyas nóminas sobrepasan los 1200 euros. ¿Se han preguntado lo que cobra un operario de máquina, una dependienta, un mozo, una secretaria...? Y podría continuar nombrando profesiones que en la mayoría de los casos no pasan de los 783 euros mensuales.

.... , está claro que no todo el mundo .... sus gastos con otra persona, y si es así y pretendes independizarte, es mejor que .... el cupón de la ONCE, ... es posible que algún día la suerte .... el trabajo de otros. Los sueldos se congelan y opino que .... miserables, pero no lo hacen las viviendas, la vida en general. A este paso es muy probable que algunos .... durmiendo en la calle.

Solo tengo 21 años y me echo las manos a la cabeza pensando si algún día podré permitirme tener hijos. Ustedes, los que gobiernan este país, recapaciten sobre aquella frase que alguien dijo: "España va bien". Lo que va bien son vuestras cartillas. ¿Y las nuestras?

Una chica desesperada que solo quiere llegar a fin de mes.

(Adaptado de Cartas al Director. *La Vanguardia*)

Conectores	Verbos
• porque • teniendo esto en cuenta en primer lugar • en segundo lugar	• terminar • quejarse ser ser • compartir • hacer darse cuenta • comprar

6.9. Lee este texto.

Los que nunca piden nada

Aunque nací en Madrid y cuando era niño casi nunca pisé el campo, recuerdo que entonces, en los años cincuenta, la presencia de los animales era tan natural y frecuente que formaban parte del paisaje, incluso del urbano. No solo se veían por la capital caballos, burros y mulas tirando de carros o a veces montados, sino que recuerdo haber visto vaquerías en el céntrico barrio de Chamberí. Las vaquerías estaban instaladas en los sótanos, a nivel del suelo y tenían unas ventanas a través de las que los niños espiábamos a las vacas. Además de estas bestias mayores y de los pájaros, era habitual cruzarse con perros y gatos callejeros, sin presentes ni pasados dueños.

Seguro que los caballos y burros de entonces llevaban muy mala vida, tirando de carros cargados hasta arriba y recibiendo muchos golpes; seguro que las vacas madrileñas debían de ser melancólicas y enfermar fácilmente; los perros y gatos vagabundos tendrían grandes dificultades para atravesar cada jornada famélica y escapar de los golpes de la gente. Pero muchos de ellos ya habían nacido en las calles y podían sobrevivir con más o menos astucia.

Nuestra sociedad presume de que todo eso haya acabado; existen asociaciones que se dedican a proteger a los animales y algunos miembros fanáticos llegan a emplear la violencia contra sus semejantes por evitársela a los irracionales. En mi opinión, la expresión "derechos de los animales" es un auténtico disparate, ya que los animales no pueden tener derechos, así como tampoco pueden tener deberes. ¿Se imaginan a un loro o a un mono multado por faltar o infringir alguna ley? ¿Y cómo se les informaría de dichas leyes?

Solo el ser humano podría imponerse a sí mismo deberes hacia los animales y obligarse a cumplirlos. Por un lado hay una especie de sacralización de las bestias, con las que a menudo se tienen más consideraciones que con los humanos, sobre todo si son pobres, inmigrantes y sin papeles. Por otro lado, existe lo contrario y no me refiero solo a los casos de violencia extrema y gratuita contra los animales, sino a esos ciudadanos que, cuando llega agosto, no dudan en abandonar a un tercio de los perros regalados en nuestro país durante las últimas Navidades.

Yo encuentro a esa gente mucho más despreciable que cualquier antiguo carretero o vaquerizo urbano porque ellos maltrataban a sus animales con un objetivo: cumplir con su función asignada y ayudar al hombre a ganarse la vida. Por supuesto, era una relación amo-esclavo, pero precisamente por eso los hombres no prescindían de sus animales por comodidad o capricho, como se hace ahora. Tal vez lo que se ha perdido es la naturalidad en el trato con estos seres que nos han acompañado desde el principio.

Los animales no eran adorados ni estaban humanizados como ahora, pero tampoco era imaginable verlos como a juguetes de plástico que se tiran, que no sufren y que carecen de expectativas. Los animales tienen expectativas, aunque sean inmediatas, y lo que nunca debe hacerse es creárselas con nuestra puerta abierta para después decepcionarlos y echarlos a la carretera. Lo que esos despreciables miembros de nuestra sociedad olvidan es que con quienes tenemos más obligaciones es con los que hemos ido a buscar nosotros y a sacar de su sitio, con los que nunca han pedido nada.

(Adaptado de Javier Marías, *El País Semanal*)

6.10. En el texto aparecen mencionados los nombres de diversos animales. En español son muy habituales las expresiones idiomáticas en las que aparecen nombres de animales. Relaciona cada expresión con su definición.

1. A caballo regalado no le mires el diente.•

2. Trabajar como un burro.•

3. Ser más terco que una mula.•

4. Estar como una vaca.•

5. Tener pájaros en la cabeza.•

6. Llevar una vida de perros.•

7. Buscarle tres pies al gato.•

8. Hablar como un loro.•

9. Dormir la mona. ..•

• **a.** Quiere decir que una persona está muy gorda.

• **b.** Hablar mucho, mucho, mucho.

• **c.** Complicar sin necesidad una situación.

• **d.** Dormir para que se pasen los efectos de una borrachera.

• **e.** Si nos hacen un regalo, no debemos criticarlo.

• **f.** Trabajar duramente, sin descanso.

• **g.** Ser una persona sin sentido común.

• **h.** Se dice de las personas que son muy obstinadas y cabezotas.

• **i.** Tener una vida desgraciada y con grandes dificultades.

1	2	3	4	5	6	7	8	9
☐	☐	☐	☐	☐	☐	☐	☐	☐

6.11. A continuación tienes los nombres de otros animales. Escribe el nombre correcto en cada frase y aprenderás otras expresiones.

> • canguro • borrego • perro • gatos • gallina
> fiera • mosquito • gato • ostra

1. Juan y Marta se llevan muy mal, están todo el día como el .... y el ....

2. Cuando le dije la verdad se enfadó muchísimo, se puso como una ....

3. Esta noche voy a salir y necesito una .... para que se quede con los niños.

4. A mí me parece que ese chico es tontísimo, creo que tiene un cerebro de ....

5. Anoche fuimos a esa discoteca pero no había casi nadie, éramos cuatro ....

6. ¡No seas ...., hombre! Siempre haces lo que hacen otros sin pensar por ti mismo.

7. Algunas veces, cuando estudio el subjuntivo me aburro como una ....

8. Ayer vi una película de muchísimo miedo, todavía se me pone la piel de ....

Unidad 7

7.1. **Completa las frases con la forma correcta de los verbos *ser/estar*.**

1. ▷ Hola, M.ª Luisa, ¿cómo .... Pancho?

   ▶ Pues .... un poco mejor, pero sigue en cama.

2. ▷ ¿De dónde .... estas naranjas?

   ▶ .... de Valencia.

3. El chico de la primera fila .... quien me llevó en coche.

4. ▷ Tus hijos .... muy altos para la edad que tienen.

   ▶ La verdad es que sí, ... altísimos como su padre.

5. ▷ ¿Has visto mis llaves? No sé dónde ....

   ▶ Seguro que las has dejado puestas, como siempre.

6. Paolo y María .... italianos.

7. ▷ ¿No .... demasiado joven para viajar solo?

   ▶ No, ya tengo 17 años.

8. ▷ ¿Y Miguel?

   ▶ .... hablando por teléfono, ahora sale.

9. ¿A cuánto .... hoy los tomates?

10. ▷ Dónde trabaja José Javier?

    ▶ Ahora .... de jefe de ventas, pero .... contable.

11. ▷ Teníamos una cerveza y unas patatas bravas.

    ▶ Pues, ... 7 €.

12. ▷ ¿Cuándo .... el cumpleaños de M.ª Luisa?

    ▶ Pues si hoy .... a 15, su cumpleaños .... dentro de tres días, el 18.

13. ▷ ¿Dónde .... la fiesta de Blas?

    ▶ En la discoteca que .... al lado de su casa.

14. Hoy he ido al mercado y los percebes .... carísimos. ¡Hay que ver qué cara .... la vida!

15. ¡Qué chaqueta tan bonita! ¿ .... de lino?

16. ¿Has visto la ventana? .... rota.

17. ▷ Estos libros .... de Jaime. ¿Se los puedes llevar?

    ▶ Claro, mañana se los llevo.

18. ▷ ¡ .... increíble lo caros que están los pisos!

    ▶ Sí, ... claro que es un problema que tiene que resolver el gobierno.

7.2. Indica cuál es el uso del verbo *ser/estar* en las frases del ejercicio anterior.

1. estado temporal / estado temporal
2. .... / ....
3. ....
4. .... / ....
5. ....
6. ....
7. ....
8. ....
9. ....

10. .... / ....
11. ....
12. .... / .... / ....
13. .... / ....
14. .... / ....
15. ....
16. ....
17. ....
18. .... / ....

7.3. Completa las frases con la forma correcta de los verbos *ser/estar*.

1. ▷ Nosotros ya .... listos para salir, ¿y vosotros?

   ▶ Pues nosotros no. Ya .... negro, llevo una hora esperando a Maite.

2. Roberto .... muy orgulloso. No tiene trabajo y va justo de dinero, pero por no pedir dinero a nadie es capaz de pasar hambre.

3. Sofía .... muy generosa. Cada Navidad hace regalos a todos los compañeros de trabajo.

4. Ayer vi a Juan Luis. ¡Qué elegante .... con su traje nuevo!

5. El hijo de la vecina .... muy listo, ha aprendido él solo a leer.

6. ▷ ¡No lo puedo creer! Angelines .... muy simpática últimamente.

   ▶ Sí, es que está enamorada.

7. ▷ José nunca .... atento cuando hablamos y hay que repetir las cosas varias veces.

   ▶ Sí, es verdad, pero .... tan atento que se le puede perdonar cualquier defecto.

8. ▷ ¿Has probado este pastel? .... malísimo, parece de ayer.

   ▶ ¡Qué dices! Yo también he comido y .... muy rico.

9. Felipe siempre va presumiendo de que .... verde, pero yo creo que aún .... verde en todos los temas de reciclaje.

10. Lola y Fernando .... muy orgullosos de la fiesta que organizaron la semana pasada. La verdad es que les salió todo perfecto.

11. Patricia hoy no .... muy católica, tiene un resfriado tremendo.

12. Este niño .... malo. No hay manera de que obedezca a sus padres y no pegue a sus compañeros.

13. Pablo .... muy amable siempre, pero desde hace unas semanas .... muy antipático, no sé qué le pasa.

14. Cuando llegué anoche de la fiesta, mi madre aún .... despierta.

15. El jamón serrano de Salamanca .... buenísimo, tiene una calidad extraordinaria.

16. Fernando no ha venido a trabajar, ... malo, tiene fiebre.

17. Jorgito .... un niño muy despierto. Tiene cuatro años y ya sabe leer.

7.4. Completa las siguientes frases con una de las expresiones idiomáticas del cuadro.

> • ser un muermo • estar sin blanca • estar como un palillo
> • estar como pez en el agua • estar trompa • estar hecho polvo • ser un fresco
> • ser un aguafiestas • ser uña y carne • estar pez • ser un pelota

1. ▷ ¿Has visto qué delgada está Josefina?

   ▶ Sí, es verdad, ... Si sigue así tendrá que ir a la sección infantil para comprarse la ropa.

2. José Luis solo tiene 23 años, pero .... No quiere salir nunca, solo quiere estar en casa y ver la tele. Parece un viejo.

3. Jorge .... , hace más de un mes que le presté 200 € y todavía no me los ha devuelto.

4. Juan Antonio no conocía a nadie en la fiesta, pero .... , hacía bromas y hablaba con todos.

5. Pablo siempre va detrás del jefe. Le lleva el café, le hace recados fuera de su hora de trabajo, ..es un pelota............... .

6. No podemos ir al concierto de Manu Chao, ...

7. Ayer vi a Felipe y a Alejandro y .... Iban de un lado al otro de la calle gritando y dando patadas a todo, parecían niños.

8. Cuando llegué a casa, mi madre y mi hermana .... Se habían pasado toda la tarde en el gimnasio.

9. Susana .... , siempre que queremos organizar una salida o una fiesta con todo el grupo de clase ella tiene que decir que no.

10. Desde que conozco a M.ª Luz y a Sonia siempre las he visto juntas. Han ido a los mismos colegios, han estudiado la misma carrera y hasta se han casado el mismo día. ....

11. .... en Geometría y mañana tengo el examen. Me parece que lo suspendo seguro.

7.5. Completa las frases con la forma "que/donde" + el indicativo del verbo entre paréntesis.

1. Es una cosa (meter, tú) ....donde metes........ la agenda, las llaves de casa, el bolígrafo, el móvil…

2. Es algo (utilizar, tú) ....que utilizas........ para ayudarte a navegar por Internet.

3. Es un lugar por (ir) ....donde van.......... los coches a gran velocidad.

4. Es algo (escribir, tú) .... tus secretos más íntimos.

5. Es una cosa (ponerse, tú) .... en la cabeza para evitar fracturas cuando tienes un accidente.

6. Es un lugar (viajar, tú) .... cuando quieres relajarte.

7. Es algo (buscar, tú) .... información cuando no conoces nada sobre el tema.

8. Es algo (comer, tú) .... en verano cuando hace mucho calor.

9. Es un lugar (vivir) .... animales en cautividad.

10. Es una máquina (servir) .... para mantener las cosas frescas.

11. Es un lugar (ir, tú) .... a estudiar, leer o coger libros prestados.

12. Es una cosa (poner, tú) .... en las ventanas para que no entre la luz.

7.6. Relaciona las definiciones anteriores con las siguientes palabras.

> • biblioteca • sandía • bolso
> • ratón • persiana • páginas amarillas
> • casco • isla desierta • autopista
> • diario • frigorífico • zoo

1. ....
2. ....
3. .....autopista.....
4. ....
5. ....
6. ....
7. ....
8. ....
9. ....
10. ....
11. ....
12. ....

7.7. Completa las frases con "que/donde" + indicativo/subjuntivo.

1. Esta mañana he visto al chico (conocer, nosotras) ......que conocimos....... ayer.

2. Estoy haciendo un trabajo de Ciencias y necesito un libro (tratar) .... de la lluvia ácida.

3. ▷ El cine empieza a las nueve, ¿dónde quedamos?

   ▶ (Querer, tú) .... Yo voy en moto y no tengo problemas de aparcamiento.

4. Luis está buscando alguna cosa (servir) .... para unir cartón y plástico.

5. Pásale a Lucía el pegamento (servir) .... para pegar papel y madera.

6. La semana pasada estuvimos en el hotel (pasar, yo) .... la luna de miel con mi primer marido.

7. Pedro y Anabel quieren comprarse un piso (ser) .... céntrico y no muy caro.

8. ▷ ¡Tu primera cita! ¿Dónde vais a ir a cenar?

   ▶ No sé, pero Juan Carlos quiere que vayamos a un restaurante (ser) .... especial y (haber) .... música en directo.

9. Hoy han derribado la casa (vivir, nosotros) .... nuestros mejores momentos.

10. ▷ ¿Dónde vas a ir de vacaciones este verano?

    ▶ Pues como pagan mis padres, iré (querer) .... ellos.

11. ▷ ¿Qué va a necesitar?

    ▶ No sé, quizá una secretaria y un par de personas (atender) .... el teléfono y la recepción.

12. Nunca he conocido a nadie (poder) .... hablar con fluidez más de tres idiomas diferentes.

13. ¿Sabes si hay alguien en tu clase (querer) .... comprar un gatito? Es que la gata (tener) .... mis padres ha tenido crías.

14. El pueblo (estar, nosotros) .... el año pasado es mi lugar favorito para pasar las vacaciones.

15. No, lo siento, me parece que no hay nadie (estar) .... dispuesto a ayudarte con la mudanza.

7.8. Lee el siguiente texto.

ELLAS LOS PREFIEREN CON UN BUEN TRASERO

Las españolas quieren hombres con buenos dientes, limpios y afeitados, según un estudio.

¿Qué tipo de hombres prefieren las españolas? Que sea tierno, comprensivo, fiel y que tenga una buena presencia; es decir, que tenga un bonito pelo, bien cortado, que huela bien, que su sonrisa muestre unos cuidados dientes, libres de caries, con una mirada sensual, sin rastro de barba en su rostro y con unas atractivas posaderas. Casi nada... Este es el perfil del hombre ideal elaborado por el grupo MSD, después de encuestar a medio millar de mujeres de seis ciudades españolas.

El estudio, que forma parte del proyecto para la Evaluación Continuada del Impacto de la Alopecia, fue elaborado el pasado mes de febrero y pone de relieve, entre otros aspectos, que las mujeres españolas, en una proporción de 9 a 1, prefieren a los hombres con pelo para formar una pareja, proporción que se incrementa en el caso de querer formar una pareja estable. Las mujeres que mostraron una menor inclinación por los varones calvos fueron las sevillanas y valencianas (99%). Las barcelonesas, por el contrario, se mostraron más comprensivas ante un hombre con una cabellera poco poblada.

Los hombres con pelo (algo que escasea a medida que van entrando en edad) son vistos por las españolas como *sexys*, atractivos, dinámicos y juveniles. Preguntadas por el hombre que elegirían para tener una aventura de una noche, en el 92% de los casos el candidato escogido tenía todo el pelo de la cabeza. No ocurre lo mismo si lo que se quiere es un amigo al que contarle confidencias. En este caso, si tiene pelo o está completamente calvo apenas si cuenta.

¿Y qué tipo de hombres desagrada a las españolas, según este estudio? Pues aquellos que descuidan por completo su imagen, o lo que es lo mismo, que lleven el pelo sucio, que el sudor sea su aroma habitual, que estén gordos, que vistan de una manera poco elegante y tengan una dentadura poco presentable.

"Como se puede ver, lo que importa a las mujeres y que valoran mucho es que el hombre cuide su higiene", explicó María Eugenia Fernández de Castro, experta en temas sociológicos y femeninos.

Mejor guapo que rico

Un aspecto destacable del estudio es que apenas se mencionan las cuentas corrientes de los hombres. "Es muy curioso, pero la mayoría de las mujeres consultadas (65%) declaró preferir un varón atractivo que uno rico, excepto en La Coruña, donde la mayor parte de las féminas se inclinó por una pareja con dinero y a poder ser mucho", explicó Fernández de Castro. "Esto refleja que la mujer está cambiando, que se siente más segura y, sobre todo, que es independiente económicamente, sobre todo las más jóvenes y con estudios", indicó.

(Adaptado de *La Vanguardia*)

7.9. Contesta verdadero o falso a las siguientes afirmaciones.

	verdadero	falso
1. Las mujeres prefieren hombres que se afeiten regularmente.	☐	☐
2. El grupo MSD encuestó a 500 000 mujeres de toda España.	☐	☐
3. Tan solo las barcelonesas prefieren a los calvos.	☐	☐
4. Las mujeres españolas consideran que los hombres con poco pelo son más *sexys*.	☐	☐
5. Las mujeres prefieren tener amigos con hermosas cabelleras.	☐	☐
6. A las mujeres les gustan más los hombres que prestan atención a su apariencia.	☐	☐
7. En general, el dinero no es lo más importante para ellas.	☐	☐

7.10. Busca en el texto las palabras y expresiones que se puedan clasificar en la tabla que tienes a continuación.

Adjetivos de descripción	Partes del cuerpo	Aseo personal
Carácter: Físico:		

7.11. Completa los siguientes anuncios con los verbos del recuadro en la forma correcta.

> • atravesar • hablar • desplazarse • temblar • tener (3)
> • dar • dominar • oponerse • ser (3) • poder • pertenecer
> • lucir • mover • sentir • traer

PRÍNCIPE AZUL DEL CUENTO,

preocupado por la futura sucesión, busca señorita que .... don de gentes, que .... varios idiomas (el español es obligatorio), que .... el protocolo internacional, que .... alta y rubia y que ...., preferiblemente, a una familia de la realeza europea.

Contacto: PALACIO REAL

FANTASMA PARA CASTILLO ENCANTADO

Necesitamos fantasmas que .... con sigilo, que .... adoptar diferentes formas, que .... miedo, que .... sus propias cadenas, que .... las paredes y .... objetos.

Interesados: aparecerse en el castillo del Conde Drácula

Gran Circo De los Hermanos Popov

Necesita león que no .... miedo, que .... fiero y salvaje, que no .... ante el fuego, que .... una melena majestuosa y rubia y que .... unos dientes afilados.

Contacto: domamiaupopov@hotmail.com

Joven esposa

residente en el corazón de África busca profesor de "buenas maneras" para su amado esposo. Se necesita una persona que .... aventurera, que .... paciencia y no .... a compartir mesa y mantel con nuestra querida mascota Chita.

Contacto: JANE.

Unidad 8

8.1. **Completa las siguientes frases con la forma correcta del indicativo o del subjuntivo.**

1. Cuando (hacerse, tú) .... el *piercing* y (enseñar) .... el ombligo estarás mucho más *sexy*.

2. Cuando (llegar, yo) .... a casa después de un largo día de trabajo, lo único que me apetece es tomar un baño de espuma y relajarme.

3. Me gusta ir a la playa cuando (haber) .... tormenta para ver el mar embravecido.

4. No te olvides la toalla cuando (ir) .... a la playa.

5. ¿Piensas hacer una gran fiesta cuando (saber) .... el subjuntivo perfectamente?

6. A Pinocho, cuando (mentir) ...., le crece la nariz.

7. No tengo mucho tiempo pero, cuando (poder) ...., me gusta hacer un poco de deporte.

8. Ya sé que no tienes mucho tiempo pero, cuando (poder) ...., ven a mi casa y tomaremos algo.

9. Cuando me (sobrar) .... tiempo, doy largos paseos por el parque.

8.2. **Completa las frases siguientes con el verbo en el tiempo correcto.**

1. Muchos niños pequeños dicen que, cuando (crecer) ...., quieren ser policías o bomberos.

2. ¿Qué querías ser tú cuando (ser) .... pequeño?

3. ¿Recuerdas? Cuando (abrir, nosotros) .... la tienda de regalos (ser) .... Navidad y (nevar) .... mucho.

4. Últimamente M.ª Luisa está muy rara; cuando me (ver, ella) ...., se va en otra dirección y no quiere hablar conmigo, pero ya estoy harta; hoy, en cuanto la (ver, yo) .... voy a preguntarle qué le pasa.

5. Cuando (venir, nosotros) .... a España pensábamos que siempre hacía calor. Cuando (volver, nosotros) .... a nuestro país, les diremos a nuestros amigos que en España también hace frío.

6. Mis vecinas son muy escandalosas. Cuando (llegar) .... a casa hacen un ruido insoportable.

7. Cuando Marisa (regresar) .... de Brasil, le vamos a regalar un ramo de flores porque es una persona estupenda.

8. Cuando (llegar, tú) .... a casa, llámame, por favor.

9. Antes, cuando (poder, nosotros) ...., siempre (pasar, nosotros) .... los fines de semana fuera de casa.

8.3. Completa las frases siguientes con los verbos del recuadro en la forma correcta de infinitivo, indicativo o subjuntivo.

> tener • irse • llamar • terminar • firmar • viajar • preparar • aparecer • rodar • visitar • estar

1. Cuando ....tengo.......... un examen, me pongo muy nervioso.
2. Antes de .... de viaje, tienes que vacunarte.
3. No nos iremos hasta que nos .... (vosotros) por teléfono.
4. Tan pronto como .... la película, nos iremos.
5. Después de que (ellos) .... el contrato, firmaremos nosotros.
6. Cada vez que .... en barco, se marea.
7. Mientras Javier .... la cena, tú puedes hacer los deberes.
8. Se fue de la sala nada más .... el actor principal.
9. Después de .... el corto, comenzó con un largometraje.
10. Siempre que .... a M.ª Dolores, nos invitaba a cava.
11. Cuando .... jubilados, daremos la vuelta al mundo.

8.4. Clasifica las frases anteriores según el matiz temporal que añaden al verbo principal.

A. Acción habitual: ☐
B. Acción repetida: 6 ☐
C. Acción anterior: ☐
D. Acción inmediatamente posterior: ☐ ☐

E. Acción posterior: ☐ ☐
F. Límite de acción: ☐
G. Acción simultánea ☐
H. Acción futura: ☐

8.5. Relaciona las dos columnas y forma frases con sentido.

1. No cantaremos •
2. Compraremos las entradas •
3. Después de enviar la carta, •
4. Antes de visitar esta ciudad, •
5. Mientras él hablaba de política, •
6. Cada vez que voy a verla, •
7. Nada más salir de la reunión, •
8. Siempre que vienes, •
9. Antes de que terminéis el informe, •

• a. yo ya estoy esperándote.
• b. no sabía que era tan bonita.
• c. hasta que no nos paguen.
• d. me dicen que no está.
• e. yo ya habré llegado.
• f. tan pronto como las pongan a la venta.
• g. su jefe se dedicaba a jugar con el ordenador.
• h. supe que había cambiado de dirección.
• i. se pusieron a fumar sin parar.

1	2	3	4	5	6	7	8	9
☐	☐	☐	☐	☐	☐	☐	☐	☐

Ejemplo: *1-C* ➜ *No cantaremos hasta que no nos paguen.*

2. ....
3. ....
4. ....
5. ....

6. ....

7. ....

8. ....

9. ....

8.6. Completa las siguientes frases con los marcadores temporales del recuadro.

> • mientras tanto • hasta que • nada más • en cuanto
> • después de que • al cabo de • cada vez que • antes de
> • después • mientras • antes de que • más tarde

1. ▷ ¿Cómo fue la reunión de ayer?

▶ Pues mal, ... llegaron José M.ª y Antonio empezó una pelea entre ellos y el encargado y no pudimos seguir.

2. ▷ ¿Cómo están los preparativos para la fiesta de Luis?

▶ Regular, ... intentábamos hablar de la fiesta, Luis aparecía como un fantasma y teníamos que cambiar de tema.

3. ▷ ¿Ya está todo listo?

▶ No, pero .... llegue Jaime lo tiene que estar. Si no queremos recibir una bronca.

▷ ¿Y cómo nos vamos a organizar para hacerlo todo?

▶ Pues mira, yo voy limpiando el salón y .... tú limpias la cocina. .... ya veremos.

4. ▷ ¿Cuándo empezaste a trabajar aquí?

▶ Unos meses .... terminar la carrera, en febrero.

5. ▷ ¡Mamá! ¿Cuándo nos vamos al cine?

▶ .... no termines los deberes no nos iremos.

6. ▷ ¿Vas a ver hoy a Fernando?

▶ Sí, pero .... termine su sesión de yoga.

7. ▷ ¿Cómo fue el examen de filosofía?

▶ Genial, ... empezar, el profesor tuvo que salir y estuvimos toda la hora solos. Ya te puedes imaginar.

8. ▷ ¿Va a venir José Luis a la fiesta?

▶ .... yo viva aquí, él no entrará en mi casa.

9. ▷ ¿Te has enterado de lo de Marisol?

▶ No, dime.

▷ Pues que conoció a un chico y .... dos semanas se fueron a vivir juntos.

10. ▷ ¿Has visto la suerte que ha tenido Sebastián? Empezó a trabajar y un mes .... ya era encargado.

▶ Bueno, es que es muy trabajador. Se lo merece.

8.7. **Aquí tienes algunas de las fábulas más famosas; completa los verbos de manera correcta para poder leerlas. Todas las fábulas tienen una enseñanza. ¿Cuál crees que es la moraleja de estas dos historias?**

El cuento de La lechera

La hija de un granjero llevaba en la cabeza un cántaro lleno de leche fresca para venderla en el mercado. Mientras caminaba, la lechera empezó a pensar y a hacer planes para el futuro...

"Con parte de la leche de este cántaro obtendré nata y, cuando (obtener) ....
la nata, la (convertir) .... en mantequilla y la venderé en el mercado. Cuando
(vender) .... la mantequilla, (comprar) .... pollitos. Cuando los
pollitos (ser) .... grandes, (vender) .... algunos y con el dinero
(poder) .... comprarme un vestido nuevo. Cuando (llevar) .... mi
vestido (ir) .... al mercado y todos los hombres (enamorarse) ....
de mí, pero yo les (decir) .... que no con la cabeza...".

Y, olvidando que llevaba el cántaro, mientras pensaba en cómo diría que no a todos los hombres, la lechera movió la cabeza; el cántaro cayó al suelo y se rompió, la leche se derramó y todos sus planes desaparecieron en un instante.

(Esopo, adaptado)

La Cigarra y la Hormiga

Cada vez que (llegar) .... el verano, la cigarra cantaba y cantaba. No quería trabajar, solo quería disfrutar del sol. Un día, mientras la cigarra (estar) .... tumbada debajo de un árbol, pasó por allí una hormiga que llevaba un gran saco de comida. Cuando la cigarra la (ver) ...., (reírse) .... de ella, pero la hormiga le contestó:

"Antes de que (darse, tú) .... cuenta, (venir) .... el invierno y entonces no (reírse, tú) ....".

El tiempo pasó y pasó... Cuando (llegar) .... el invierno, la cigarra no tenía nada que comer, así que fue a casa de la hormiga y le dijo:

"Señora hormiga, por favor. Préstame algo de comida, que yo te la devolveré cuando (ser) .... posible".

Pero la hormiga le respondió muy enfadada:

"Mientras yo (trabajar) .... duramente, tú te reías de mí. Pues ahora no te daré nada de nada".

Y le cerró la puerta.

(Jean de La Fontaine, adaptado)

El cuento de La lechera: ....
....

La Cigarra y la Hormiga: ....
....

8.8. **Seguro que ya has probado la famosa tortilla de patatas española, pero... ¿Sabes cómo hacerla? Completa los verbos con la forma correcta y prepárate a disfrutar de la cocina.**

Ingredientes: patatas, huevos, sal, aceite (si se desea se puede añadir cebolla).

Preparación:

Pelamos las patatas, las lavamos y las cortamos en redondo. Ponemos el aceite en una sartén y cuando (estar) .... caliente, echamos las patatas y les ponemos sal. Las dejamos freír hasta que (dorarse) .... y (ponerse) .... blandas. Cuando (estar) .... blandas, se sacan de la sartén con la espumadera hasta que no (tener) .... mucho aceite.

Mientras las patatas (freírse) ...., batimos los huevos en un bol. Después de (retirar) .... las patatas, las mezclamos con el huevo. A continuación ponemos la mezcla otra vez en la sartén y la freímos hasta que (adquirir) .... un ligero color dorado. En ese momento le damos la vuelta a la tortilla y volvemos a freír. Cuando (estar) .... lista, la sacamos de la sartén, la colocamos en una fuente redonda y nos la comemos antes de que (enfriarse) ....

8.9. **Lee el siguiente texto y, después, contesta a las preguntas.**

LA VERDADERA VIDA

En el pueblo de mi abuela vivía una mujer que se ganaba la vida yendo todos los días a pie, por el bosque, al pueblo de al lado (algo más grande, con cuatro o cinco tiendas) a hacer recados que le encargaban los vecinos. Yo llegué a conocerla; la verdad es que apenas la recuerdo: ¿era una anciana pulcra, vivaz, risueña? ¿Vestía de luto y llevaba el pelo blanco recogido en un moño? ¿Tenía una casita diminuta, blanca, con las sartenes relucientes colgadas por orden de tamaño en la pared y el suelo limpio "como los chorros del oro"?... Tal vez estas imágenes sean simplemente el recuerdo colectivo que guardo de todas las viejecitas del pueblo de mi abuela y sin embargo todos los años, cuando llega la primavera, pienso en ella.

Hace muchísimo tiempo, en mi infancia, la primavera era la estación de los vencejos. Nos daba un vuelco el corazón cuando el primer chillido de vencejo rasgaba el cielo. Pronto los vencejos llenaban el aire, en desbandada, salían disparados hacia una libertad lejana, pregonando una noticia imprecisa pero sin duda urgente, importante y alegre. La noticia de lo que nos esperaba a nosotros al salir de la cárcel de la infancia. Pensábamos: "cuando seamos mayores viviremos la vida de verdad, la vida adulta, que será poética y emocionante, una vida a lo grande, de amores, arte, viajes...".

Y ahora aquí está. No podemos por más tiempo engañarnos, seguir contándonos el cuento de que la vida de verdad está en otro lugar, en otro tiempo. La vida es ahora, y ser mayor era esto. ¿Qué? Lo que nos llena los días: pedir un presupuesto, poner la lavadora, llevar el coche a la ITV y los niños al dentista.

O quizá todo esto no es ser adulto, sino serlo en una sociedad desarrollada. Quizá es el precio inevitable que tenemos que pagar a cambio de poder elegir entre miles de libros, centenares de películas, docenas de posibles vacaciones (lástima que no tengamos apenas tiempo para ir al cine ni dinero para viajar ni con quién dejar a los niños). A veces, algún día de desánimo nos da por pensar que esa infinita gama de posibilidades no nos ha traído libertad ni riqueza interior –de felicidad ni hablemos– sino desorientación, complicación y agobio. A veces, cuando lo que anuncia la primavera ya no son los vencejos en el cielo, sino la declaración de impuestos que aparece en nuestro buzón por estas fechas, nos da por soñar con la vida de aquella mujer del pueblo de la abuela. Nunca vio el mar, ni París, ni una película, pero nunca tuvo tampoco que rellenar un impreso, ni instalar una alarma, ni soportar un atasco. Disfrutó un mundo simple y puro, hecho solamente de humanidad y de naturaleza... Aunque ahora que escribo esto, recuerdo lo que me contaba una amiga, hoy residente en Madrid, pero nacida en un pueblo de Palencia: que cuando, de pequeña, en el campo, oía a los coches pasando a lo lejos, soñaba con lo que para ella era la verdadera vida: ciudades, automóviles, anuncios, aviones, discotecas... No tenemos remedio.

(Adaptado de Laura Freixas. "El Runrún". *La Vanguardia*)

8.10. Dí si estas frases son verdaderas o falsas.

	verdadera	falsa
1. Cada vez que llega la primavera la autora piensa en los vencejos.	☐	☐
2. El suelo de la casa de la abuela era de oro.	☐	☐
3. La autora pasó su infancia en la cárcel.	☐	☐
4. Ella pensaba que su vida adulta sería apasionante.	☐	☐
5. Para la autora, la vida adulta está llena de complicaciones provocadas por la propia sociedad.	☐	☐
6. La autora se siente desanimada porque casi no tiene opciones entre las que elegir.	☐	☐
7. En España la primavera viene anunciada por los impresos para hacer la declaración de la renta.	☐	☐
8. La autora piensa que la anciana del pueblo de su abuela era una mujer feliz.	☐	☐
9. Según la autora, la verdadera vida está compuesta de ciudades, automóviles, anuncios, aviones y discotecas.	☐	☐
10. Cuando la autora dice "no tenemos remedio" quiere decir que nadie está contento con lo que tiene.	☐	☐

8.11. Explica, con tus propias palabras, qué significan las siguientes expresiones.

1. Ganarse la vida: ....

2. Estar como los chorros del oro: ....

3. Dar un vuelco el corazón: ....

4. No tener remedio: ....

8.12. Completa las siguientes frases.

1. Cuando tenga un hijo, ...

2. Me casaré cuando ....

3. Todos los días cuando me levanto, ...

4. Cuando cumpla 70 años, ...

5. Cuando era niño, ...

6. Tendré un hijo cuando ....

7. Tuve un hijo cuando ....

8. Te esperaré aquí hasta que ....

9. Me pongo muy contento siempre que ....

10. En cuanto veo a mi profesora de español ....

Unidad 9

9.1. Completa las siguientes frases con los conectores del cuadro.

> • como • es que • porque • debido a • por (2) • a causa de
> • dado que • puesto que • ya que

1. Los Reyes Magos te han traído carbón .... has sido un niño malo.

2. ▷ Lo siento, señor director, pero no hemos terminado el informe financiero del último trimestre .... un fallo informático.

   ▶ Pues, ... no contamos con todos los datos, tendremos que aplazar la reunión para la próxima semana.

3. ▷ M.ª Luisa, voy un momento al supermercado a comprar el arroz para la paella. ¿Quieres algo?

   ▶ Pues, mira, sí. .... vas pásate por la farmacia y tráeme una caja de aspirinas.

4. ▷ ¿Has visto qué músculos tiene Tarzán? No me había fijado antes.

   ▶ Pues claro, ... siempre está nadando y luchando contra los cocodrilos, se mantiene en forma.

5. Nos hemos quedado sin las entradas para el concierto de los Rollings .... tardar tanto en decidir si íbamos o no.

6. El agujero de la capa de ozono está aumentando .... la incesante emisión de gases CFC.

7. ▷ Ya sé, M.ª Luisa, que te había prometido que esta noche iríamos a cenar para celebrar nuestro aniversario, pero .... estoy en medio de una reunión muy importante y no sé cuándo vamos a terminar.

   ▶ Si ya lo sabía yo, a mí siempre me pasan estas cosas .... ingenua.

8. .... este año hemos sobrepasado los beneficios previstos, vamos a gratificar a nuestros empleados con una paga extra.

9.2. Relaciona los conectores de causa de las frases anteriores con su significado.

A. Es que

B. Puesto que

C. Porque   1. Expresa la causa de forma general.

D. Por   2. Expresa una causa conocida.

E. Debido a   3. Se utiliza para justificar la respuesta.

F. Como   4. Introduce una causa con connotaciones negativas.

G. A causa de   5. Introducen una causa en un contexto formal.

H. Dado que

I. Ya que

9.3. Vuelve a escribir estas frases sustituyendo *porque* por otro conector de causa y haciendo los cambios necesarios en las estructuras de las frases.

1. En los últimos meses los precios han aumentado, entre otros motivos, porque la CE ha introducido la moneda única. (a causa de)

   ....

   ....

2. No podemos ir esta tarde a la playa porque está lloviendo. (como)

   ....

3. El reciclaje se está implantando en la sociedad actual porque los gobiernos se han dado cuenta de que el medio ambiente está seriamente amenazado. (debido a que)

   ....

   ....

4. Me parece muy mal que la gente se manifieste en contra del consumo de pieles de animales porque hay otros problemas más importantes como, por ejemplo, los niños obligados a trabajar como esclavos. (puesto que)

   ....

   ....

   ....

5. La solución al conflicto de Israel y Palestina no parece tener solución porque los dos gobiernos mantienen posturas intolerantes. (por)

   ....

   ....

9.4. Relaciona las tres columnas y forma frases con sentido:

No he podido llamarte por teléfono,		no pagaban el alquiler desde hacía meses.
	porque	no encontramos iglesia.
La recepción del embajador ha tenido que ser suspendida	debido a que	me he quedado sin batería.
Jordi se ha ido a vivir a Londres	es que	
Vamos a tener que cambiar la fecha de la boda	a causa de	no consideraban justa la decisión de la empresa.
Voy a romper mi relación con Antonio	dado que	los últimos acontecimientos internacionales.
Los inquilinos fueron desahuciados de las viviendas	ya que	motivos de trabajo.
Los trabajadores presentaron un recurso	por	no tengo noticias suyas desde hace dos meses.

1. ....
2. ....
3. ....
4. ....
5. ....
6. ....
7. ....

9.5. Encuentra los sustantivos derivados de los siguientes verbos.

> • **pelearse** • **aficionarse** • **permanecer** • **pertenecer** • **conducir** • **emborracharse**

...pelearse → la pelea............................. ....

....

....

9.6. Ahora, completa las siguientes frases sustituyendo el verbo por uno de los sustantivos anteriores, realizando los cambios que sean necesarios.

1. Le echaron de la discoteca por pelearse con el camarero.

....

2. Empezó a tener problemas por aficionarse a la bebida.

....

3. Ese futbolista ha hecho todo lo posible por permanecer en el mismo equipo.

....

4. La policía le detuvo por pertenecer a un grupo violento.

....

5. Le quitaron el carnet por conducir peligrosamente.

....

6. Hoy le duele mucho la cabeza por emborracharse ayer por la noche.

....

9.7. Reacciona ante las siguientes frases escribiendo las informaciones con la estructura correcta.

Ejemplo:

▷ Me ha dicho Gabi que no viene a la cena porque está enfermo. (no dejarle su novia)
▶ **No es porque** esté enfermo, **sino porque** su novia no le deja.
....

1. ▷ José M.ª no usa internet porque no le gusta. (no saber usarlo)

▶ ....

2. ▷ Eva nunca hace su fiesta de los 80 porque no sabe qué ponerse. (no tener tiempo)

▶ ....

3. ▷ M.ª Ángeles está aprendiendo arte dramático porque quiere cambiar de trabajo. (tener madera de actriz)

▶ ....

4. ▷ María baila flamenco porque le gusta. (querer buscar trabajo en Suecia)

▶ ....

5. ▷ Anna es vegetariana porque no quiere comer nada que tenga ojos. (no gustarle la carne)

▶ ....

9.8. Lee el siguiente texto de una de las escritoras españolas más populares, y contesta después a las preguntas.

Tú conociste al primero, Sofía. Lo que no sabes, porque a partir de eso empezó mi distanciamiento contigo, es cuánto me cambió la vida aquella primera pena de amor, todavía llevo la marca. Luego, a fuerza de pasarme una y otra vez la película, he entendido que fue una pena de amor doble y que por eso me dolió tanto. Lo más grave no fue que Guillermo me dejara de la noche a la mañana sin dar explicaciones, sino que no me las dieras tú tampoco, que las tenías todas. Tardé en saber que las tenías, y no lo supe por ti, tardé en entender por qué estabas rara conmigo, por qué huías con los ojos a otra parte cuando me veías triste, en aceptar tus silencios. Tú también sufrirías, supongo. Y hasta incluso más. Ahora sé por mis estudios y por confidencias del diván que las cosas que no se aclaran a su debido tiempo, van formando como un muro de masa que enseguida se empieza a solidificar hasta que al final es imposible derribarlo. Un dique construido con cemento de cobardía e inercia, que acaba impidiendo el paso a una relación antaño transparente. Se obstruyeron los conductos de la tubería y se va almacenando por dentro mucha mierda, aunque no lo sepamos porque tarda en oler. Lo malo, además, de esas tuberías del alma es que se localizan mal y que no sirve cualquier fontanero, tiene que ser uno muy especializado. Acuérdate de aquella frase del Eclesiastés que tanto nos gustaba: "¿Quién ennegreció el oro? ¿Por qué el oro fino perdió su brillo?" Yo me lo preguntaba mucho a lo largo de aquella primavera en que nuestro oro fino se ennegreció, y eran porqués sin respuesta; yo misma en el fondo no quería buscarla, tenía miedo de hurgar en lo que habría podido darme una respuesta fea. Así que me limitaba a complacerme en mi papel de víctima maltratada por el destino. Luego, cuando me enteré de lo que estaba pasando, tuve una reacción inesperada.

Carmen Martín Gaite. *Nubosidad variable* (adaptado)

9.9. Contesta si la información es verdadera o falsa.

	verdadero	falso
1. La vida de la autora cambió debido a una decepción amorosa.	☐	☐
2. La autora ha visto muchas veces la misma película de amor.	☐	☐
3. Sofía abandonó a la autora de repente.	☐	☐
4. Sofía sabía lo que había pasado entre Guillermo y la autora.	☐	☐
5. Los problemas que no se solucionan en su momento dificultan la relación entre amigos.	☐	☐
6. La autora necesita un fontanero.	☐	☐
7. La autora, en realidad, tenía miedo de descubrir qué pasó entre Sofía, Guillermo y ella misma.	☐	☐
8. A la autora le gustaba ser maltratada por su novio.	☐	☐

Unidad 10

10.1. Relaciona los elementos de las dos columnas y construye frases utilizando los conectores de consecuencia (*por eso, así que, de ahí que...*).

1. Ayer Josefina tener 40 de fiebre	• **a.** saber nada sobre el accidente.
2. (Vosotros) estudiar poco	• **b.** volver el año próximo otra vez.
3. Anoche Antonio estar borracho	• **c.** no venir nunca a mi casa cuando está ella.
4. Hoy el niño jugar con el mechero	• **d.** tener tantas deudas.
5. Estar (nosotros) todo el mes de vacaciones	• **e.** suspender el examen de español.
6. M.ª Cristina no soporta el humor de Ana	• **f.** caerse por las escaleras.
7. José Javier no trabajar desde enero	• **g.** no poder ir a la reunión.
8. M.ª José romper con su novio	• **h.** quemarse los dedos.
9. Gustar (nosotros) mucho este hotel	• **i.** darle un infarto.
10. Felipe trabajar mucho	• **j.** estar muy triste.

1. Ayer Josefina tenía 40 de fiebre, por eso no pudo ir a la reunión.

2. ....

3. ....

4. ....

5. ....

6. ....

7. ....

8. ....

9. ....

10. ....

10.2. Completa las frases con el modo y el tiempo correctos del verbo.

1. Faltan Pedro y Germán, así que no (poder, nosotros) .... celebrar la reunión hasta que ellos no lleguen.

2. ¿Realmente crees que hay tanta gente como para que (cerrar, ellos) .... y no (dejar) .... entrar a nadie?

3. Han estado conduciendo toda la noche, de ahí que ahora (necesitar) .... descansar y no (poder) .... responder a sus preguntas.

4. Salir en Nochevieja es carísimo, por lo tanto (decidir, nosotros) .... celebrarlo en casa con los amigos.

5. No está tan lejos la facultad como para que (ir, vosotros) .... en autobús.

6. Los precios están muy altos en estos momentos, por consiguiente (tener, nosotros) .... que esperar a que bajen.

7. No habéis hecho los deberes, os habéis pasado toda la tarde jugando, de modo que ahora (quedarse) .... sin ver vuestro programa preferido.

8. Ayer hubo una avería informática, en consecuencia todos los informes del último trimestre (perderse) .... y hay que volver a introducirlos.

9. No tenía mucho dinero el verano pasado, por eso no (viajar) .... con mis padres a Canarias.

10. No hemos caminado tanto como para que (estar) .... tan cansados.

11. ▷ ¿A qué hora llegáis mañana?

▶ Llegamos al aeropuerto a las ocho de la tarde.

▷ ¡Vaya! Entonces no (venir, vosotros) .... con tiempo de ir a la inauguración de mi exposición de fotografía.

12. La semana pasada fuimos a la discoteca que tanto te gusta, de manera que este fin de semana (ir, nosotros) .... donde yo diga.

13. El viernes próximo no trabajo, por tanto (coger, yo) .... el avión de las diez de la mañana y así (pasar) .... casi tres días en Ibiza.

14. ▷ ¿Has visto la exposición de cuadros de Maite?

▶ Sí, y creo que no son tan buenos como para que (vender, ella) .... tanto como ha vendido.

15. Solo he podido comprar tres entradas, así que uno de nosotros (escuchar) .... el concierto desde casa.

10.3. **Completa las frases con la forma adecuada del verbo.**

1. Para que los alumnos (mantener) .... el interés es muy importante que la clase sea amena.

2. Voy a comprar velas esta navidad para (crear) .... un ambiente muy especial y para que mi casa (parecer) .... diferente.

3. Tengo que llamar a mi madre para que (decirme) .... cómo se hace el cocido madrileño y para que (traerme) .... su libro de cocina.

4. Para (ser) .... feliz y (disfrutar) .... hay que pensar en positivo y no agobiarse con los problemas de cada día.

5. Para que los niños (crecer) .... sanos y (ser) .... felices no hay que enviarlos a la escuela demasiado pronto.

6. Ha venido la vecina del segundo para (pedirnos) .... sal y para que (bajar, nosotros) .... a ayudarla con los preparativos de la cena.

7. Utilice su tarjeta para (pagar) .... sus compras navideñas y (ganar) .... un fantástico viaje al Caribe.

8. M.ª Luisa se ha ido a los EE.UU. para (perfeccionar) .... su inglés y (conocer) .... mejor su cultura.

10.4. **Completa las frases con la forma adecuada de los verbos del recuadro.**

> • oler • adquirir • brillar • desaparecer
> • limpiar • perder • ablandarse • quedarse • purificar

Para prolongar el buen funcionamiento y aspecto de los pequeños electrodomésticos de su cocina, nada como aplicar la "medicina preventiva". Cuidarlos mientras aún disfruten de buena salud. Aquí te proporcionamos un buen número de consejos y de trucos sencillos y eficaces. Síguelos y verás como tus mini-robots no te darán más problemas.

Batidora

Mete la batidora en un vaso con agua y detergente y hazla funcionar durante unos minutos para .... perfectamente; para que .... más, lávala de vez en cuando con agua y vinagre.

Freidora

Para .... el aceite y para que los restos sólidos no .... en el fondo, introduce un papel de filtro cuando el aceite esté caliente.

Sandwichera

Frota la sandwichera con un paño húmedo para que los restos sólidos.................... y .... con facilidad.

Yogurtera

Para que los recipientes no .... mal, añade a un litro de agua dos cucharadas de bicarbonato y pon la mezcla dentro de los recipientes durante 15 minutos.

Exprimidor

Para que tus zumos no .... el sabor del detergente, límpialo simplemente con agua y un cepillo.

Cafetera eléctrica

Para que el recipiente de cristal no .... el brillo, cada dos meses llénalo de agua con una cucharada de vinagre.

10.5. Completa los huecos con la forma correcta del verbo usando las estructuras "para + infinitivo" o "para que + subjuntivo".

1. Tienes que pasar por tráfico para (renovar) .... el permiso de conducir.

2. Para (hablar) .... bien español es necesario estudiar mucho y (preguntar) .... a tus profesores para (explicarte) .... lo que no entiendes.

3. Rosa tiene que llamar al técnico para (arreglar, él) .... el timbre de su casa. Cada vez que voy allí para (trabajar, yo) .... tengo que esperar media hora en la puerta.

4. El gobierno debería ayudar a los jóvenes para (poder, ellos) .... encontrar un buen trabajo y (decidirse) .... a formar una familia.

5. Hemos venido para (ayudar, nosotros) .... a nuestro padres con la mudanza y para (instalarse, ellos) .... pronto en su nueva casa.

6. Te he comprado esto para (no olvidarme, tú) .... y (pensar, tú) .... en mí todos los días.

7. Es necesario invertir más dinero para (lograr) .... el desarrollo de los países pobres.

8. Es un lugar muy bueno para (relajarse, vosotros) .... y (olvidarse, vosotros) .... de todos los problemas.

10.6. Completa las siguientes frases con las preposiciones *por* o *para*.

1. Gabriel me ha enviado .... *e-mail* las fotos que nos hicimos en noviembre.

2. ¡Qué viaje tan pesado! .... llegar a Ámsterdam en avión hemos tenido que hacer escala en dos aeropuertos .... problemas meteorológicos.

3. ▷ Mira qué pañuelo tan bonito. Se lo he cambiado a M.ª Luisa .... mi pulsera de plata.
   ▶ ¡Pues vaya negocio has hecho!

4. Aunque me vaya tan lejos, no te preocupes, ... tu cumpleaños ya estaré aquí.

5. Martínez, llame a Administración y dígales que necesito los balances .... mañana sin falta.

6. En la amistad y en el amor, ... mí lo más importante es la honestidad.

7. ▷ Ayer estuvimos toda la tarde de tiendas .... el centro y no te puedes imaginar la cantidad de gente que había.
   ▶ Ya, es que .... estas fechas la gente se vuelve loca comprando.

8. Le he pedido a Federico que vaya a la reunión .... mí, porque tengo un dolor de cabeza insoportable.

9. Y este es el último modelo de cafetera con un recipiente .... 12 tazas.

10. Muchas gracias .... tu invitación, he pasado una tarde maravillosa.

11. .... no tener ni idea de cocina, me han salido unos macarrones exquisitos.

12. ▷ Yo .... ti, sería capaz de hacer cualquier cosa.
    ▶ Bueno, bueno, eso solo me lo dices .... que no me enfade contigo.

13. ▷ Abuelita, abuelita ¿............................... qué tienes los dientes tan grandes?
    ▶ ¡¡¡ .... comerte mejorrrrr!!!

14. Don Quijote se volvió loco .... leer demasiados libros de caballerías y se hizo caballero .... buscar aventuras. Un día "subió sobre su famoso caballo Rocinante y comenzó a caminar .... el antiguo y conocido campo de Montiel".

15. ▷ .... mí el mejor actor en este momento es Sean Connery.
    ▶ ¡Pero qué dices hombre! .... buen actor, Santiago Segura. ¡Es un genio! Le dieron muchos premios .... su película *Torrente, el brazo tonto de la ley*.

10.7. Lee el siguiente texto.

En busca del cuerpo perfecto: los términos se confunden a menudo: *estética* hace referencia a una cirugía voluntaria, mientras que *plástica* se usa para referirse a la cirugía reparadora realizada con víctimas de accidentes, defectos congénitos o enfermedades como el cáncer.

El *boom* de la estética ha irrumpido con fuerza en nuestro país. España es el lugar de Europa donde se practican más operaciones de cirugía plástica, unas 240 000 al año registradas en los archivos de las clínicas, y otras 200 000 más fuera de todo control. Este mercado mueve millones de euros anuales. ¿Cuánto cuesta un cuerpo perfecto? ¿Cuáles son los límites? En la búsqueda de la belleza, cientos de españoles están haciendo que les corten, aplanen, aumenten o absorban partes de su cuerpo, o que se las reciclen para colocarlas en otro lugar. Se someten a estiramientos faciales, arreglos de nariz, implantes y reducciones de senos, sin incluir el coste los complementos como cremas, lociones, maquillaje, etc.

La cirugía plástica se asociaba exclusivamente a los muy ricos, las *top models* o las estrellas de cine, especialmente a personas tan extravagantes como Cher o Michael Jackson. En ocasiones ha sido utilizada por algunos fugitivos de la justicia. Pero en los últimos años quienes sucumben al bisturí son las personas "normales", entre ellas hay un número creciente de hombres y de adolescentes, fenómeno que no solo sucede en España, sino que es una tendencia mundial. Las razones para explicar el crecimiento de las operaciones de estética en España son diferentes; por un lado se habla de la "ansiedad del nuevo rico", disparada por el asombroso crecimiento económico español en los últimos 25 años. Por otro lado, se dice que "la gente tiene una mayor necesidad de aparecer bella en la cultura mediterránea, porque el cuerpo está más expuesto a la luz del sol y a la vista de otras personas". Además, "las personas quieren aparecer tan jóvenes como se sienten".

A pesar de su popularidad, o precisamente debido a ella, la cirugía estética sigue provocando una gran controversia. Además del debate respecto a la seguridad de estas operaciones, los propios especialistas y psicólogos discuten los pros y los contras de esta práctica. En el centro de la cuestión está el hecho de que estas operaciones se practican a personas sanas que las solicitan voluntariamente. Debido a su naturaleza voluntaria, los detractores consideran que la cirugía estética es una forma cruel y lucrativa que tienen los médicos y los cirujanos para pagarse el Porsche o el Mercedes, aprovechándose de las inseguridades de las mujeres. Pero ni siquiera las feministas se ponen de acuerdo: algunas dicen que por fin las mujeres disponen de las herramientas para asumir el control de sus propios cuerpos, mientras que para otras supone seguir prisioneras de una estética impuesta por los hombres.

Respecto a los hombres españoles, demandan especialmente la liposucción de los *michelines* (grasa acumulada en la cintura), trasplantes de pelo, eliminación de bolsas bajo los ojos, corrección de nariz y orejas, estiramientos faciales y reducción de papada. Independientemente de nuestra opinión, la creciente demanda de estas operaciones indica que nuestra apariencia no es una cuestión frívola, sino que se considera importante para lograr la felicidad: "la importancia de la imagen en las relaciones entre personas es algo innegable, es una realidad".

(Adaptado de El País Semanal)

10.8. **Contesta verdadero o falso.**

	verdadero	falso
1. La cirugía plástica se hace voluntariamente, para modificar una parte de nuestro cuerpo que no nos gusta.	☐	☐
2. En España se realizan casi tantas operaciones estéticas legales como ilegales.	☐	☐
3. Hoy en día no es necesario ser millonario para acceder a los servicios de un cirujano plástico.	☐	☐
4. El número de hombres que se somete a estas operaciones está creciendo en todo el mundo.	☐	☐
5. En la actualidad está totalmente demostrada la falta de riesgos de estas operaciones.	☐	☐
6. Hay personas que opinan que esta práctica es algo que algunos médicos hacen para enriquecerse.	☐	☐
7. Las feministas están de acuerdo en que estas operaciones son un símbolo de libertad para las mujeres.	☐	☐

10.9. Escribe los antónimos de las siguientes palabras y los sustantivos derivados de cada una de ellas como en el ejemplo.

ejemplo: reparar → destruir, destrozar   la reparación → la destrucción

Antónimos	**Sustantivos**
1. bello	....
2. aumentar	....
3. estirar	....
4. crecer	....
5. exponer	....
6. implantar	....

10.10. Completa ahora las siguientes frases con la palabra correcta tomada del ejercicio anterior, realizando los cambios que sean necesarios.

1. Las operaciones de pecho son de dos tipos: se realizan muchos .... pero también son frecuentes las ....

2. Muchos hombres piensan que la calvicie significa .... , que es algo antiestético, y por eso intentan .... este problema con implantes de pelo.

3. Las personas que se someten a .... faciales están totalmente convencidas de que las .... no son bellas.

4. El número de personas que voluntariamente se opera .... cada año en España, debido al deseo de aumentar la .... física.

5. En el pasado, las personas normalmente .... que se habían operado, aunque hoy en día este .... ya no es necesario.

10.11. Explica con tus propias palabras qué significa.

1. Defectos congénitos:

....

....

2. Cirugía reparadora:

....

....

3. El *boom* de la estética:

....

....

4. Sucumbir al bisturí:

....

....

5. La ansiedad del nuevo rico:

....

....

Unidad 11

11.1. Completa las frases con uno de los verbos del recuadro en el tiempo correcto. No olvides escribir el pronombre.

> • indignar • encantar • preocupar • molestar
> gustar • sorprender • alegrar

1. Siempre (a mí) .... muchísimo la falta de puntualidad de mis amigos.

2. ▷ Dicen que a vosotros, los hombres, nada .... más que ver un partido de fútbol mientras tomáis una cervecita.

   ▶ ¿Ah, sí? Pues a mí me han dicho que a vosotras, las mujeres, ... ir de compras con las amigas y comer chocolate.

3. Llegamos a España hace un mes. Antes de venir .... un poco tener problemas con el idioma, pero la verdad es que entendemos todo perfectamente.

4. Ayer Luis se enfadó muchísimo. La verdad es que a todos nosotros .... tanto su reacción, que no supimos qué hacer.

5. A todos los trabajadores .... las falsas promesas de los políticos.

6. Cuando eras una niña muy pequeña .... esperar a tus padres. Cada vez que llegaban a casa les recibías con una gran sonrisa.

11.2. Completa las siguientes frases con el verbo en la forma correcta.

1. Me molesta mucho que la gente (ir) .... a la playa o al campo y no (recoger) .... la basura que produce.

2. Me horroriza que, en Navidad, todo el mundo (volverse) .... loco y (comprar) .... compulsivamente.

3. Me encanta que mi novio me (sorprender) .... de vez en cuando y me (preparar) .... una cena romántica.

4. Me sorprende mucho que mi hermano (querer) .... comprar el vino y que (estar) .... dispuesto a organizar la fiesta.

5. Odio que nunca me (tocar) .... la lotería y que las tostadas siempre (caerse) .... por el lado de la mantequilla.

6. Me alegra mucho que vosotros (llevarse) .... tan bien y que (compartir) .... todas vuestras aficiones.

7. Me pone de mal humor que mis amigos no (contestar) .... cuando les envío un mensaje de móvil.

8. Me da igual que (nevar) ...., (llover) .... o (hacer) .... frío, mañana pienso ir a dar un paseo por la playa.

11.3. Completa las frases con el verbo en infinitivo o presente de subjuntivo, no olvides poner también "que" cuando sea necesario.

1. Me emociona (reaccionar, la gente) .... tan solidariamente cada vez que hay una catástrofe.

2. Me da pena (cambiar) .... de coche porque me encanta este modelo, pero ya tiene muchos kilómetros y está muy viejo.

3. No soporto (madrugar) .... porque me pone de muy mal humor (levantarme) .... justo cuando más a gusto estoy en la cama.

4. No quiero dejar a los niños solos mucho tiempo en casa porque me da miedo (tener, ellos) .... un accidente.

5. A los vecinos les molesta (jugar, los niños) .... al fútbol en el jardín porque estropean las plantas y rompen las ventanas.

6. Me da igual lo (pensar, tú) .... a mí me gusta mucho (escuchar) .... a Luis Miguel. Y ¿qué?

11.4. **Completa el siguiente texto con los verbos en la forma adecuada.**

Estamos hasta las narices de que nuestras palabras e ideas no (ser) .... escuchadas, y de que nadie nos (hacer) .... caso. Estamos hartos de que los "adultos" (decidir) .... por nosotros y nos (explicar) .... qué es lo que nos conviene y lo que no. Los jóvenes estamos hartos de que nos (tomar, ellos) .... el pelo y de que nos digan lo que es bueno y lo que es malo. Estamos hartos de que la gente nos (impedir) .... vivir la vida y aprender por nosotros mismos, aprender cometiendo nuestros propios errores.

Estamos hartos de que no nos (dar, ellos) .... toda la libertad de expresión y de elección que necesitamos. Estamos hartos de que no sea posible ser *políticamente incorrecto*. Estamos hartos de que (faltar) .... imaginación en la vida de todos los días. Queremos música, libertad, amor, movimiento, bohemia, poesía, creatividad, pasión... No queremos Wall Street, armas, ejércitos, políticos, pensamiento cerrado, multinacionales.

Estamos hartos de que en las radios (sonar) .... siempre las mismas canciones facilonas sin sentimiento, la misma música comercial de multinacionales. Estamos hartos de que los mismos tipos aburridos (aparecer) .... continuamente en la televisión. Estamos hartos de leer los mismos libros, revistas y periódicos sensacionalistas. Estamos hartos de las mismas películas aburridas para aburridos. Estamos hartos de que los políticos nos (mentir) .... y no (responsabilizarse) .... de sus errores.

¡Estamos hartos de que no nos (escuchar, ellos) ....!

(Adaptado de *www.spainview.com*)

11.5. **Completa las siguientes frases con presente o pretérito perfecto de subjuntivo.**

1. ¡Qué alegría volver a verte! Me hace muy feliz que (decidir, tú) .... venir a mi boda.

2. Estoy enfadada contigo. Me molesta que no (decirme, tú) .... la verdad sobre Alberto. Ahora ya no puedo arreglar las cosas con él.

3. Nos da mucha pena que la gente (regalar) .... perritos por Navidad y que luego, cuando quieren irse de vacaciones, (abandonarlos) .... en una carretera o en cualquier sitio.

4. A José María le da mucha rabia que su equipo (perder) .... siempre en los campeonatos importantes.

5. ¿Te sorprende que (aprobar, nosotros) .... el examen? ¡Pero si hemos estudiado muchísimo!

6. No soporto que (dejar, vosotros) .... la cocina siempre sucia y desordenada. A ver cuándo os dais cuenta de que en esta casa siempre limpio yo.

7. Me alegro de que tu novio te (pedir) .... por fin que te cases con él. ¡Ya era hora!

8. Me sorprende que Paco no (darse cuenta) .... de que le han robado la cartera. ¡Con lo cuidadoso que es!

9. Me encanta que me (escribir, vosotros) .... para felicitarme por mi cumpleaños.

10. Me da mucha rabia que me (hacer, tú) .... esperar siempre y que no te (importar) .... que esté sola en la calle durante tanto tiempo.

11. ▷ ¡Qué raro que no (llegar) .... todavía! Hace ya dos horas que salieron de casa. Me preocupa que les (pasar) .... algo.

▶ Ay, qué pesada eres, me aburre que siempre (estar) .... pensando en lo peor, relájate, seguramente se han entretenido por el camino.

12. A Julián le pone muy nervioso que le (llevar) .... la contraria y siempre que hablamos de temas polémicos termina enfadándose con nosotros.

13. Me encanta que (terminar, nosotras) .... el trabajo. Nos ha costado mucho, pero al final hemos conseguido llegar al final. ¡Felicidades, chicas!

14. Pues a mi me alegra que (tener, tú) .... la idea de ir a celebrarlo a ese restaurante tan original y me da igual que nos (costar) .... un ojo de la cara. Pienso disfrutar con el espectáculo.

11.6. **Completa las siguientes frases utilizando infinitivos o la forma correcta del presente o del pretérito perfecto de subjuntivo. No olvides escribir "que" cuando sea necesario.**

1. Me encanta (M.ª Luisa y José Javier, venir) .... con los niños a pasar aquí el próximo fin de semana, pero me parece un poco raro (todavía no llamar) .... para decirnos a qué hora llegan.

2. ¿Te importa (bajar, yo) .... el volumen de la radio? Estoy intentando estudiar y ya sabes que no soporto (escuchar) .... música mientras estudio, porque no puedo concentrarme.

3. ¡Qué lástima (no poder, tú) .... ganar la competición de tenis de este año! De todas formas, como a ti te encanta (practicar) .... este deporte, seguro que el año que viene ganarás.

4. ¿Os apetece (reunirse, nosotros) .... esta noche para intentar solucionar el problema? Llamadme cuando ya (discutir, vosotros) .... el tema y (tomar) .... una decisión.

5. ¿Sabes que Laura y Alfredo van a celebrar su fiesta de aniversario? Han llamado a todos los amigos menos a mí. Me molesta muchísimo (no llamarme) .... y (olvidarse, ellos) .... de mí.

6. No me gusta nada (siempre, pensar) .... en ti mismo antes que en los demás. A la mayoría de la gente le preocupa (sus amigos, sentirse) .... bien pero a ti te da igual.

7. ¡Cómo me alegra (gustar, a ti) .... los pimientos rellenos. Los he preparado de una manera diferente, aunque la verdad es que (cocinar) .... me pone muy nerviosa.

8. ¿Os importa (ir, nosotros) .... a ver otra película? Ya sabéis que a Juan le pone de los nervios (ver, él) .... películas románticas.

11.7. Completa el texto utilizando los verbos del recuadro en infinitivo, presente o pretérito perfecto de subjuntivo.

> • tener • tratar • ser • leer • morir • realizar •
> conocer • regalar • estudiar

¡Jamás lo habría creído! Me encanta .... las aventuras de Harry Potter; me gusta el castillo y me encanta que Harry y sus amigos .... trucos de magia.

Bueno, en realidad, lo único que no me gusta de Harry Potter es Harry Potter, porque es un enchufado en el colegio. No soporto que los profesores y el director le .... de una manera especial y que, además, su profe le .... una Nimbus 2000. Es cierto que tiene muchos problemas en casa porque a su familia le molesta que él .... el mago más famoso de todos los tiempos. Además, sus tíos odian que Harry .... en un colegio para magos y que .... a gente tan extraña. Por otro lado, siento mucho que los padres de Harry ...., y que él no .... más suerte con su familia.

11.8. A continuación tienes algunos de los verbos que aparecen en el texto de la actividad 11.4. Escribe los sustantivos derivados de dichos verbos.

1. decidir la decisión ....

2. explicar ....

3. imposibilitar ....

4. faltar ....

5. sonar ....

6. aparecer ....

7. mentir ....

8. responsabilizarse ....

11.9. Transforma las siguientes frases utilizando los sustantivos del ejercicio anterior. Realiza todos los cambios que sean necesarios.

Ejemplo ➜ Estamos hartos de que los "adultos" decidan por nosotros y nos expliquen qué es lo que nos conviene y lo que no.

Estamos hartos de las decisiones de los adultos y de sus explicaciones sobre lo que nos conviene y lo que no.

1. Estamos hartos de que sea imposible ser políticamente incorrecto.

....

2. Estamos hartos de que falte imaginación en la vida de todos los días.

....

3. Estamos hartos de que en las radios suenen siempre las mismas canciones facilonas.

....

4. Estamos hartos de que los mismos tipos aburridos aparezcan siempre en la televisión.

....

5. Estamos hartos de que los políticos nos mientan y no se responsabilicen de sus errores.

....

Unidad 12

12.1. Uno de los aspectos más importantes de la argumentación son sus conectores y las funciones que estos desempeñan. Intenta clasificar cada conector del cuadro que te presentamos con su función fundamental. Luego, intenta memorizarlos.

- En conclusión,...
- Para finalizar,...
- Empecemos por considerar...
- Es más,...
- De acuerdo con...
- Lo que creo es que...
- Según...
- Estoy convencido de...
- Por una parte sí, pero por otra...

- Podemos tener en cuenta también que...
- Hay que tener en cuenta diferentes aspectos...
- Aquí hay que hablar de diferentes puntos...
- En mi opinión,...
- Lo primero que hay que decir es que...
- Vamos a hablar de un tema que...
- Otro hecho importante es que...
- Hay una diferencia fundamental entre... y...

Presentar argumentos	Organizar argumentos	Añadir argumentos / oponerlos	Mostrar puntos de vista	Concluir

12.2. Ahora, utiliza los conectores del ejercicio anterior para exponer consecuentemente el siguiente texto.

A. Solamente tienes que rellenar el hueco con la expresión adecuada. Recuerda que puede haber varias posibilidades de respuesta.

La comunicación y su abstracción en la pintura

(1) .... conocer la comunicación visual es como aprender una lengua, una lengua hecha solamente de imágenes, pero de imágenes que tienen el mismo significado para personas de cualquier nación, y por tanto de cualquier lengua. El lenguaje visual es un lenguaje, quizás más limitado que el hablado, pero sin duda más directo. Un buen ejemplo lo tenemos en el cine, en el que no son necesarias las palabras, si las imágenes narran bien la historia.

(2) .... todo el mundo recibe continuamente comunicaciones visuales, de las que pueden extraerse conocimientos, sin utilizar las palabras, ya que ver significa conocer mucho mejor lo que nos rodea. **(3)** .... el problema surge especialmente en la pintura, cuando no entendemos lo que vemos. Esto es, **(4)** .... algunos profesionales, debido a la falta de conocimiento de las técnicas visuales, y **(5)** .... otros, porque es una forma de expresión extremadamente personal, cuyo significado solo puede ser conocido por el autor perdiendo así interés para el resto.

(6) ....; el primero es que la comunicación visual se ha dejado en manos de la intuición y el azar. Como no se ha hecho ningún intento para analizarla o definirla en términos de estructura del modo visual, no se ha obtenido ningún método de aplicación. En este campo, los sistemas educativos evolucionan lentamente, y todavía persiste en ellos un énfasis en el modo verbal con exclusión del resto de las capacidades humanas, dejando totalmente al margen el carácter visual de la experiencia de aprendizaje del niño. Incluso la utilización de métodos visuales en la enseñanza carece de rigor y de fines claros.

(7) ...., existe también el hecho de que las reglas de las técnicas que se utilizaban en la configuración de los lenguajes visuales en el pasado eran buenas reglas para la comunicación visual, sin embargo, se convirtieron en pura academia y en realidad, el arte de aquellos tiempos restringió cada vez más su función de comunicación visual para convertirse en un asunto de élite. Tanto es así que aún hoy hacen falta intérpretes (críticos de arte) para explicar a un público ignorante lo que quería decir el artista.

(8) .... los artistas se han ido encerrando cada vez más en sus torres de marfil, en sus lenguajes secretos, y así ahora nos encontramos en una tremenda confusión, de la que solamente podremos salir restableciendo unas reglas para la comunicación visual, reglas elásticas y dinámicas, no fijadas para siempre, que sean objetivas y válidas para todos.

(9) ...., al ver hacemos muchas cosas más: experimentamos lo que está ocurriendo de una manera directa; descubrimos algo nuevo, y eso, trasladado a la pintura debe estar al alcance de todos. Todos tenemos derecho a aprovecharnos y deleitarnos con esta experiencia.

B. **Responde a las preguntas para saber si has entendido el razonamiento y danos tu opinión:**

1. ¿Cuál es el tema fundamental de este texto?

   ....

2. ¿Qué entiendes por "comunicación visual"?

   ....

3. ¿Qué dos características de la comunicación visual aparecen en el texto? ¿Estás de acuerdo con ellas? Dinos por qué.

   ....

   ....

4. ¿Puedes decirnos con qué problema podemos encontrarnos al enfrentarnos a una obra pictórica? ¿Cuáles son las causas? ¿Crees que existe algún culpable?

   ....

   ....

5. ¿Propone el texto alguna solución para acabar con ese obstáculo? Expón las tuyas.

   ....

6. ¿Crees que la pintura debe estar entonces al alcance de todos, o es preciso que nos instruyamos para poder analizarla y disfrutarla mejor?

   ....

   ....

7. ¿Cuáles son para ti las características que debe tener una pintura para ser considerada una obra de arte?

   ....

12.3. Atrapa al asesino. El inspector González acaba de llegar a la comisaría. Todo está hecho un desastre. Alguien ha leído sus notas acerca del asesinato ocurrido en el edificio n.º 10 de la calle Sol, y las ha partido en trozos para poder eliminar las pistas. Trata de recomponer las entrevistas hechas a los vecinos que se encontraban en el lugar del crimen. Uno de ellos es el asesino. ¿Sabrías desenmascararlo?

A Comencé mi investigación entrevistando a todos los vecinos.

B Entré sigilosamente en el edificio mientras los policías se llevaban el cadáver que había estado tirado en el suelo prácticamente toda la mañana.

C Y finalmente hablé con el más sospechoso de todos desde mi punto de vista.

D Tendré que reflexionar más a fondo sobre este caso...

G Tenemos que tener en cuenta también a su vecina, Cristina. Chica tímida e independiente. Conoce

E una ducha porque había llegado cansado de trabajar. En mi opinión, dice la verdad.

F Después visité a Juan. A las horas en la que se escuchó el disparo estaba dándose

H Por un lado, parecen inocentes ya que sabían lo que había ocurrido en el capítulo,

I Emilio tiene treinta años y no se le conoce oficio alguno.

J aunque, por otro, mostraban signos de nerviosismo.

K Es más, solamente sale de casa, de acuerdo con los vecinos, por la noche y a horas intempestivas. Estaba echándose

L Curiosamente era una noche de perros y llovía sin parar, como si alguien en el más allá estuviese al tanto de lo que había ocurrido.

M Cuando llegué al lugar del crimen el reloj marcaba las cinco de la tarde, aunque por la oscuridad reinante hubiese podido decir que eran más de las ocho.

Ñ no sé por qué no salen juntos. Según ella, estaba tendiendo la ropa fuera.

N En primer lugar, tenemos a Vicente y Berta, una pareja de la tercera edad bastante cotilla. Me contaron que cuando oyeron el disparo estaban sentados en el sofá viendo el culebrón de las cuatro.

O 1 Empecemos por considerar las circunstancias en las que me encontraba horas después de la desgracia.

P a Juan desde hace cuatro meses. Estoy convencido de que se gustan pero

Q la siesta, se despertó con el disparo. Otro hecho importante es que tiene mucho dinero.

...¿Sabes ya quién ha sido?

1. _____O_____	7. _____	13. _____
2. _____	8. _____	14. _____
3. _____	9. _____	15. _____
4. _____	10. _____	16. _____
5. _____	11. _____	17. _____
6. _____	12. _____	18. _____

12.4. A continuación te presentamos unas frases en pasado. Algunas tienen varios errores en los tiempos verbales. Trata de averiguar cuáles son y corrígelos.

1. Cuando llegaba a casa de trabajar, mi novio ya estaba preparando la comida.

2. Recuerdo perfectamente el viaje de novios. Fuimos a Cancún cuando todavía no tuvimos ni siquiera el piso comprado.

3. La música que se escuchaba antes era muy distinta a la de ahora. Desde que avanzó la tecnología se consiguió mezclar una amplia gama de sonidos con resultados excepcionales.

4. Llamamos a Juan para pedirle un favor y al momento ya nos lo hizo.

5. Pedro salía de la academia más pronto de lo habitual ya que pensó ir al cine pero se encontró con María y sus planes cambiaron de repente.

12.5. Sustituye los elementos que consideres oportunos por los relativos correspondientes; ¡cuidado con las preposiciones!

1. Estuve trabajando para una empresa. La empresa era de diseño gráfico.
   ..La empresa para la que estuve trabajando era de diseño gráfico...........................

2. Vivía con mi sobrina. Esta sobrina tiene una hermana en Oviedo.
   ....

3. Por megafonía alertaron del incendio. El incendio se produjo en la segunda planta.
   ....

4. El chico dejó los informes en el cajón. El cajón no tenía cerradura.
   ....

5. Hemos llegado hasta la rotonda. La rotonda tiene una gran fuente.
   ....

6. Me enamoraré de un chico. Él deberá ser bueno y responsable.
   ....

7. La terraza de Luis se ve desde el portal. El portal está en la esquina.
   ....

8. La policía fue tras el ladrón. Este ladrón se había fugado de la cárcel.
   ....

12.6. Transforma las siguientes oraciones en negativas, haciendo los cambios necesarios.

1. Hubo gente que pudo llamar a su casa.
   ....

2. He encontrado unos manuales que son interesantes para iniciarse en la cocina uruguaya.
   ....

3. Tengo un amigo que presume de hablar nueve idiomas.
   ....

4. En Chile hay numerosos volcanes que están activos.
   ....

5. Este autor ha escrito una obra en la que ha contado las vivencias de su infancia.
   ....

12.7. Completa con la forma verbal adecuada en indicativo o subjuntivo.

1. ¿Recuerdas lo que (decir, nosotros) .... el año pasado?

2. No hay nada que tú (poder) .... hacer ahora, ya está todo terminado.

3. Desearía, si es posible, una habitación que (dar) .... al jardín.

4. Me explicó todo lo que (querer, yo) .... saber.

5. La verbena empezará a la hora que (decir) .... el alcalde.

6. Tan solo 4 kilómetros la separan de Boix, cuyas calas (hacer) .... de ella una de las localidades más atractivas para el turismo.

7. Empezará la semana cultural, en la que (haber) .... numerosas exposiciones si todo sale bien.

8. No pasará nadie que no (tener) .... una autorización expresa.

9. ¿Con quién (ir, tú) .... esta noche al cine?

10. Habla con Pedro, que (saber) .... mucho de cine.

12.8. Lee este texto sobre los cafés de Madrid y completa las oraciones de relativo con el verbo en la forma correspondiente.

La tarde y los cafés de Madrid

Un descanso a media tarde para tomar un café o un típico chocolate con churros es una de las tradiciones que **(1)** (tender) .... a perderse pero de la que **(2)** (surgir) .... las grandes tertulias literarias y políticas de principios de siglo. La clientela ha cambiado pero la solera de la mayoría de ellos se mantiene **intacta**.

EL CAFÉ: Debido a la gran tradición cafetera de Madrid, sus cafés, ofrecen una calidad y variedad que pocas veces se **(3)** (ver) .... en otra ciudad del mundo. Es de un aroma intenso, de sabor fuerte y muy amargo. En casi todas las cafeterías se puede pedir un café descafeinado "de máquina", hecho del mismo modo que el café normal, es decir, con cafetera express. Formas de tomar café hay muchas, los tradicionales solo o con leche, cortado (con muy poca leche), con hielo o americano (muy aguado y suave). Las tertulias madrileñas de principios de siglo dejaron como herencia una gran cantidad de establecimientos en donde **(4)** (tomarse) .... un café es una mera excusa para sentarse en un local donde **(5)** (poder) .... hablar. Hombres ilustres como Ortega y Gasset, Álvaro Pombo, Miguel de Unamuno pasaron por estos establecimientos donde **(6)** (fraguarse) .... la historia, la literatura y la filosofía de una época española.

Los nuevos cafés aprovechan la tranquilidad que se **(7)** (respirar) .... en sus salones para mostrar las obras de los artistas para los que las galerías **(8)** (ser) .... un espacio algo **impersonal**.

(Guía de Madrid. Páginas amarillas)

12.8.1. Contesta verdadero o falso según el texto.

	Verdadero	Falso
1. Los cafés siempre han expuesto obras de artistas.	☐	☐
2. Los artistas prefieren mostrar sus obras en las galerías.	☐	☐
3. Ortega y Gasset es un desconocido.	☐	☐
4. El café en Madrid se sirve con leche cortada.	☐	☐
5. La clientela de los cafés se mantiene intacta.	☐	☐

12.8.2. **En el texto aparecen dos palabras en negrita que podríamos sustituir por una oración relativa.**

   a. Intacto: .que.no.ha.sido.tocado...

   b. Impersonal: .que.no.tiene.personalidad...

¿Podrías hacer lo mismo con estos otros adjetivos?

   1. Inhumano: ....

   2. Incoherente: ....

   3. Indescriptible: ....

   4. Impagable: ....

   5. Inimitable: ....

   6. Impenetrable: ....

   7. Imprescindible: ....

   8. Inaccesible: ....

   9. Inapreciable: ....

   10. Inapropiado: ....

   11. Incansable: ....

   12. Irregular: ....

> El prefijo latino **IN** significa "privado de". Observa que cuando se une a un adjetivo que empieza por -p- o por -b- se cambia a **IM-**, y cuando se une a un adjetivo que empieza por -r cambia a **IR-**.

12.8.3. **¿Puedes hacer 5 frases con algunos de los adjetivos anteriores?**

   1. ....

   2. ....

   3. ....

   4. ....

   5. ....

Unidad 13

13.1. **Completa las siguientes frases poniendo los verbos entre paréntesis en pretérito imperfecto de subjuntivo.**

1. El médico de cabecera me aconsejó que (ingerir) .... grandes cantidades de agua y que (procurar) .... practicar algún deporte o que, al menos, (caminar) .... a paso ligero media hora todos los días.

2. La verdad es que la mayoría de los especialistas me recomendaron que (buscar) .... una clínica privada ya que los hospitales públicos están saturados.

3. No entiendo su actitud. Nadie le pidió que (venir) .... y, sin embargo, se pasó toda la tarde con cara de perro.

4. No estoy muy convencida del diagnóstico que me han dado. Me gustaría que me (dar) .... una segunda opinión.

5. El médico de la mutua me ordenó que no (plantar) .... el pie hasta pasados 5 días.

6. Le acompañé a la consulta pero prefirió que le (esperar) .... fuera.

7. Me gustaría que (volver) .... dentro de una semana para quitarle los puntos.

8. Preferiría que no me (hacer) .... el análisis de sangre ahora.

9. El médico dijo que (descansar) .... todo el tiempo posible y que no *(hacer)* .... ningún esfuerzo.

10. La enfermera le pidió que lo (acompañar) .... a la sala de rayos X.

13.1.1. **¿Qué expresa el pretérito imperfecto de subjuntivo en las oraciones anteriores: presente/pasado/futuro?**

1. ....
2. ....
3. ....
4. ....
5. ....

6. ....
7. ....
8. ....
9. ....
10. ....

13.2. **Con las fórmulas que te presentamos a continuación puedes pedir o exigir formalmente. Aplícalas a las siguientes situaciones.**

> Me gustaría que
> Sería conveniente que   **+** imperfecto de subjuntivo
> Les pediría que
> Les agradecería que
>
> ¿Les importaría que   **+** imperfecto de subjuntivo?

1. Estás ingresado en un hospital y la comida es horrible. Escribe una nota para el buzón de sugerencias. [Menú variado, comida caliente, mayor cantidad de comida]

   ATT: Dirección del hospital.

   Asunto: Comida.

   Me gustaría que el menú fuera más variado. Además les agradecería que la comida estuviera caliente y que la cantidad servida fuera mayor.

2. Has pasado quince días en un *camping* y has encontrado algunas deficiencias. Dejas una nota con algunas sugerencias: [Mayor número de servicios, más limpieza en la piscina, mayor número de actividades para los niños]

   ....

   ....

   ....

3. Eres profesor/a de informática y trabajas para el ayuntamiento de tu ciudad. El curso ha terminado y dejas una nota informativa pidiendo algunas mejoras. [Mayor número de ordenadores, reducción del número de estudiantes por aula, mayor presupuesto para material fungible]

   ....

   ....

   ....

4. Hay un nuevo presidente en tu comunidad de vecinos. Ha enviado una carta a todos los vecinos pidiendo por escrito vuestras sugerencias. [Poner un nuevo ascensor, servicio de recogida de basura a domicilio, contratación de un portero, pintar la fachada]

   ....

   ....

   ....

13.3. **Completa las frases con el verbo en presente o pretérito imperfecto de subjuntivo.**

1. Me pidió que (dejar) .... de fumar cuanto antes.

2. Haz lo que sea pero consigue que te (escuchar) ....

3. Te rogaría que no (poner) .... los pies encima de la mesa.

4. ¡Vaya cara! Quería que le (decir) .... las respuestas del examen.

5. Si esto sigue así, ordenaré que (suspender) .... el programa de ayudas.

6. Me gustaría que me (repetir) .... las pruebas, no estoy muy contenta con los resultados.

7. Me recomendó que (leer) .... bien los papeles antes de tomar una decisión.

8. Antes de entrar al quirófano siempre piden que (rellenar) .... unos formularios con preguntas sobre tu historial médico.

9. Intentarán que se (reducir) .... la lista de espera de los hospitales en la próxima legislatura.

10. La huelga de médicos se prolongará indefinidamente. Los médicos exigen que el Estado (aprobar) .... la subida de sueldo antes de dos meses.

13.4. Completa las siguientes frases con los verbos en indicativo o subjuntivo.

1. Está claro que la Seguridad Social (necesitar) .... algunas reformas.

2. Es obligatorio que los conductores (llevar) .... cinturón de seguridad.

3. Estaría bien que la gente (pedir) .... responsabilidades a sus representantes.

4. Está comprobado que (existir) .... medicinas alternativas muy eficaces.

5. No fue justo que nos (negar) .... las subvenciones sin previo aviso.

6. No era obvio que tu idea (ser) .... la mejor.

7. Es innegable que los pueblos pequeños (necesitar) .... atención médica más regular.

8. Estoy convencido de que con este nuevo servicio a domicilio (haber) .... más pacientes satisfechos.

9. Es imprescindible que se (atender) .... a los heridos con rapidez y profesionalidad.

10. No estaba segura de que la ambulancia (llegar) .... a tiempo.

13.5. Relaciona las dos columnas creando frases con sentido.

1. Esta claro que •
2. Nos pidió que •
3. Quería que •
4. Es increíble que •
5. Me ordenó que •
6. Es evidente que •
7. Les ruego que •
8. ¿No es horrible que •
9. ¿No está claro que •
10. Preferiría que •

• **a.** tenemos que estudiar la nueva propuesta.
• **b.** tenemos que aprovechar mejor el tiempo de trabajo?
• **c.** reciba el mismo salario que el director.
• **d.** redujera el consumo de sal.
• **e.** quedaron preguntas sin contestar.
• **f.** hablara con él para contrastar opiniones.
• **g.** permanezcan en sus asientos con el cinturón de seguridad.
• **h.** me instalaran en una habitación individual.
• **i.** le diéramos nuestros números de teléfono.
• **j.** tengamos que trabajar en estas condiciones?

13.6. Lee el siguiente texto.

Según un estudio presentado en el Congreso del periódico de la Organización Médica Colegial

Más de la mitad de los médicos españoles han pensado en dejar de ejercer

Denuncian la precariedad laboral, la sensación de explotación, la sobrecarga de trabajo, el estrés y la pérdida de prestigio social, entre otros aspectos.

El 53 por ciento de los médicos españoles han pensado en alguna ocasión en dejar de ejercer su profesión, según las conclusiones de un estudio presentado en Madrid que pone de relieve el "elevado grado de insatisfacción laboral y profesional" que padece este colectivo.

En concreto, los médicos españoles se quejan de sufrir una situación caracterizada por la precariedad laboral; la sensación de ser explotados; la sobrecarga asistencial, que se traduce en estrés y reduce la calidad asistencial; la pérdida de prestigio, o la inexistencia de una carrera profesional.

Este estudio, patrocinado por Pfizer y presentado en el marco del Congreso del periódico de la Organización Médica Colegial, revela también que la mayoría de los facultativos españoles considera que la Administración trata de ahorrar gastos a su costa, lo que provoca entre estos profesionales una sensación de "explotación laboral" que se ve agravada por el "desinterés" de los responsables sanitarios por sus problemas y el predominio de una "visión económica" frente a la óptica médico-asistencial.

En cuanto a la organización del trabajo, tras censurar la "falta de cualificación e independencia" de los gestores, los médicos critican la existencia de una "gran presión asistencial", así como "problemas de comunicación, coordinación y reparto de trabajo entre profesionales y niveles".

Por otro lado, expresan una visión pesimista del colectivo, que creen se caracteriza por su "escasa combatividad" y su "competitividad", y que sufre una "pérdida de prestigio social e incluso de respeto" basada en la "mala imagen" que de ellos ofrecen los medios de comunicación.

Como colofón de esta situación, detectan que se está dando una "pérdida del sentimiento de orgullo de ser médico".

En lo que se refiere a la formación, los facultativos critican la de pregrado, al tildarla de "muy teórica" e impartida por docentes con falta de "motivación y preparación", mientras que ofrecen una valoración positiva en general de la formación de postgrado y censuran que la Administración no facilite la formación continua.

En materia de carrera profesional, estiman que es "inexistente" en la actualidad, y que en cualquier caso tiene más importancia a la hora de desarrollarla la "red de relaciones" que los "méritos", detectando la necesidad de poner en marcha un sistema de "reconocimientos con incentivos".

(Texto adaptado de *El mercado*)

13.6.1. Según el texto, ¿cuáles son las principales quejas de los médicos?

Ejemplo: La sobrecarga asistencial;
....
....
....

13.6.2. Imagina que formas parte de ese grupo de médicos insatisfechos, expresa las causas utilizando los recursos de petición o exigencia formal.

Recuerda:

Me gustaría que
Sería conveniente que
Les pediría que
Les agradecería que
Sería interesante
Sería recomendable

+ imperfecto de subjuntivo

ATT.: La Administración
....
Los médicos de este hospital pensamos que sería conveniente que se redujera el
número de pacientes por médico...
....
....
....
....

13.6.3. Imagina ahora que formas parte de la Administración y que tienes que valorar las peticiones y exigencias de los médicos. Utiliza las expresiones de valoración y constatación que has aprendido.

Recuerda:

Es verdad
Está claro
Es evidente
Etc.

+ indicativo

Es ridículo
Es exagerado
Es justo
Etc.

+ subjuntivo

Ejemplo: Es justo que pidan la reducción del número de pacientes por médico.
....
....
....
....

Unidad 14

14.1. Trasforma estas frases al estilo indirecto prestando atención al tiempo verbal: presente, pretérito indefinido, imperfecto y pluscuamperfecto, y a otros cambios importantes (pronombres, adverbios, etc.).

1. Tengo que llamar a Alejandro antes de las 5 porque más tarde no está nunca en casa.
   Víctor dijo que ....

2. Si vienes conmigo hoy al supermercado, mañana vamos los dos de compras.
   Mi madre me prometió que ....

3. Cuando llegamos a Santander hacía un tiempo excelente y nos dimos cuenta de que no había cambiado nada.
   Mis padres me comentaron que ....

4. Cuando tu padre era pequeño solía echarse la siesta después de comer, ahora no tiene tiempo para esas cosas.
   Mi tío me dijo que ....

5. Estábamos tomando un café cuando llegó mi jefe y me mandó derecha a la oficina.
   Mi hermana me comentó que ....

6. Esta mañana he estado en el médico y me ha recetado unas pastillas bastante fuertes para la jaqueca que tengo estos días.
   Ana me dijo que ....

7. Cuando llegué a comer al restaurante, los invitados ya se habían ido.
   Santiago contó a sus amigos que ....

8. Ayer habíamos salido de fiesta cuando nos llamasteis por teléfono.
   Los vecinos nos han contado que ....

9. Ayer cambié de móvil y me pasé a contrato para tener que pagar menos al mes.
   Juan explicó a su compañero de trabajo que ....

10. Todavía no he visitado el Museo del Prado y llevo viviendo en Madrid 14 años.
    Pedro dijo lamentándose que ....

14.2. Cambia ahora las frases que están en estilo directo a indirecto y viceversa. Esta vez están en futuro y condicional.

1. Le he dicho a Clara: *"La temperatura prevista para mañana en Valencia será de 30°".*
   ....

2. María ayer me dijo: *"El sábado próximo habrá una manifestación contra el terrorismo en la plaza de Colón"*.

....

3. Mi hermano le comentó a mi madre: *"Si apruebo este examen, habré acabado la carrera"*.

....

4. Mi abuela vio al vecino de al lado y me dijo: *"¡Me lo comería a besos!"*.

....

5. Mi madre me dijo que no contaría a nadie mi secreto.

....

6. El horóscopo predijo que el 27 sería mi día de la suerte.

....

7. Él nos comentó que a las 12 del día siguiente habría cumplido ya 30 años.

....

8. Juan me dijo que con mucho gusto iría a cenar conmigo pero que no podía porque tenía una cita esa misma noche.

....

14.3. **Reescribe las frases en estilo indirecto de pasado anteponiendo uno de los verbos que te presentamos en el cuadro. Ten en cuenta que puedes utilizarlos varias veces.**

> prohibir • aconsejar • sugerir • recomendar • pedir

1. *"Ayúdame a llevar estas cajas a esa furgoneta, por favor"*.
Una señora ....

2. *"Vete al médico enseguida porque tienes mucha fiebre"*.
Mi vecina ....

3. *"Córtate el pelo para ir a la entrevista y mejorar tu aspecto"*.
Mis amigos y yo ....

4. *"Si tienes un problema con las notas, lo mejor es que hables con tu profesor y que lo aclares"*.
Mi compañero de clase...

5. *"No trabaje tanto y tómese unas vacaciones por una temporada"*.
El médico ....

6. *"Vaya a la oficina de objetos perdidos y pregunte si han entregado allí su reloj"*.
En la taquilla del metro ....

7. *"No quiero que estudies esta carrera porque no creo que te sirva para nada"*.
Mi padre...

8. *"No quiero oír hablar en el examen"*.
El profesor ....

14.4. Completa las frases en indicativo o subjuntivo utilizando uno de los verbos del recuadro.

> alquilar • poder • escoger • necesitar (2) • ir • irse • tomar • apagar • tener • ver • casarse • ayudar • encontrar • querer • desayunar • sacar

1. Le dije que .... urgentemente comprar algo de cena para esta noche.

2. Le dije a María el otro día que .... a cenar el sábado pasado con unos amigos.

3. Iván comentó a su novia que esa mañana .... galletas con mantequilla porque no .... nada más sano en el frigorífico.

4. Después de mucho insistir, los padres de Alberto prometieron que le .... más en serio la próxima vez.

5. Mi hermano me dijo ayer que si .... que elegir, ... un viaje con estancia en un *camping* que en un hotel, ya que le encanta la naturaleza.

6. Mi vecina me llamó asustada y me pidió por favor que .... el horno de la cocina, y que .... la comida a la ventana.

7. Él nos contó que todos los fines de semana .... un montón de cintas de vídeo y las .... en casa para no tener que salir.

8. Eva me dijo que .... el mes anterior por lo civil pero que no .... de luna de miel a ningún sitio.

9. Mi madre me dijo que .... que la .... con la compra mensual.

10. Mi amigo Luis nos dijo que .... ir al museo por la tarde y que luego .... salir a tomar unas copas juntos.

14.5. Esta vez tienes que enfrentarte a una serie de preguntas. Tu misión consistirá en transmitírselas a otras personas. Ten mucho cuidado de nuevo con los tiempos verbales.

1. ¿Has quedado esta tarde con alguien?
   María me preguntó ....

2. ¿A qué hora tenéis que estar en la Facultad?
   Nuestro compañero de piso nos preguntó ....

3. ¿Necesitas que te ayude con los deberes de Matemáticas?
   Mi padre me preguntó ....

4. ¿Os gustaría veniros a la fiesta que se celebra en mi país?
   Mi compañero de clase nos preguntó ....

5. ¿Cuándo podremos actuar a nuestra manera sin tener que estar pendientes de lo que piensen los demás?
   Carmen me preguntó ....

6. ¿Crees que va a cambiar nuestra situación económica de una vez por todas?
   Carlos le preguntó a su mujer ....

7. ¿Alguna vez has estado en Australia?
   Yo le pregunté a ese chico ....

8. ¿Cuándo te aprenderás el guion y podremos acabar la película sin problemas?
   El director le preguntó a uno de los actores ....

14.6. Ahora te mostramos una conversación mantenida con un gran escritor peruano de nuestro tiempo: Mario Vargas Llosa. En ella te cuenta aspectos importantes de su vida. Como tu amigo Carlos no ha podido leerla, transmítesela utilizando el estilo indirecto.

Las letras no tienen secretos para él. Su pluma ha probado todos los géneros literarios: teatro, ensayo, novela... Acaba de presentar su último trabajo, *El paraíso en la otra esquina*, donde habla de la vida de la feminista Flora Tristán, y su nieto el pintor Paul Gauguin.

Periodista: Enhorabuena por su trabajo, ¿cuánto tiempo le llevó la investigación?

Mario Vargas: Solamente en el libro he trabajado tres años.

P: ¿Por qué escribió este libro, y más concretamente acerca de este tema?

MV: Primero porque leí la autobiografía de Flora cuando era universitario, y me fascinó, así que continué leyendo sobre ella cada vez que tenía ocasión.

P: ¿Cuántas horas escribe al día?

MV: Por la mañana, en escribir, ocupo unas dos o tres horas; por las tardes me gusta trabajar en una biblioteca.

P: ¿Por qué decidió dedicarse a la escritura?

MV: Primero empecé con la lectura; probablemente la mejor cosa que me ha pasado en la vida, ya que se me enriqueció el mundo de manera extraordinaria. Después me dediqué a escribir. Mi padre, sin quererlo, fomentó mi vocación porque como tenía muy mala relación con él, me aferré a los libros como una manera de resistirme a su autoridad.

P: ¿Qué es la felicidad para Vargas Llosa?

MV: No es fácil definirla; es una gran pasión, es un estado de ánimo... pero es siempre la excepción, nunca la regla.

P: Me ha encantado charlar con usted. Muchas gracias por toda su atención.

MV: Ha sido un placer. Espero repetir esta experiencia.

Texto adaptado de *Entrevista a Mario Vargas Llosa*, Revista AR.

Tú: Hola, Carlos, ayer leí una entrevista muy interesante sobre el escritor Vargas Llosa y su nuevo libro, donde habla de la vida de la feminista Flora Tristán, y su nieto, el pintor Paul Gauguin.

Carlos: ¡No me digas!, es uno de mis escritores preferidos. Anda, cuéntame algo de lo que dijo Mario.

Tú: Pues, la periodista comenzó la entrevista preguntando que ....
.... y Mario respondió que ....

Además también le preguntó que ....
.... y él dijo que ....
....

Me sorprendió cuando la periodista preguntó que .... y él afirmó que ....
....

Pero lo más interesante es que ella preguntó que .... a lo que el peruano contestó que ....
....
....

También dijo que ....
....

Y la última pregunta fue que ....
....

Él dijo sabiamente que ....

Unidad 15

15.1. Ordena estas palabras para formar oraciones condicionales reales.

1. lávate/ si/ ahora/ manos/ las/ comer/ quieres/ por favor

   ....

2. tendrá/ hizo/ responsabilidades/ lo/ si/ que/ sus/ asumir

   ....

3. apetece/ si/ pides/ tú/ pero/ lo/ nada/ hago/ me/ me/ no/ lo

   ....

4. carreteras/ tiempo/ así/ sigue/ cortarán/ si/ el/ las

   ....

5. puedes/ no/ mañana/ lo/ si/ dejes/ para

   ....

15.2. Relaciona las dos partes de la oración.

1. Si tuviera las oportunidades que tú tienes, •	• a. no tendrías que preguntar dos veces.
2. ¿Podrías volver a hablarla •	• b. si la economía mejorara?
3. Si escucharas cuando te hablan, •	• c. no estaría aquí sentado quejándome.
4. Si me gustara patinar, •	• d. me lo dirías.
5. ¿Qué harías tú •	• e. si te mintiera?
6. ¿Debería volver a mi país •	• f. si te dijeran que fueron ellos?
7. Si quisieras, •	• g. si la nota fuese inferior a 5.
8. Tendrías que repetir el examen •	• h. me iría con vosotros a la pista.

15.3. Completa con los verbos en la forma adecuada: pretérito imperfecto de subjuntivo o condicional simple.

1. Si (trabajar) .... más, ganaría más dinero.

2. Si (atender) .... a la profesora, no tendrías que estudiar tanto en casa.

3. Si (hacer) .... más deporte, estarías en forma.

4. Si (leer) .... más a menudo, tu vocabulario (ser) .... más amplio.

5. Si (recoger) .... tu cuarto, tu madre no (subirse) .... por las paredes.

6. Si hablaras menos por teléfono, (reducir) .... tus facturas.

7. Si (ahorrar) .... un poco más, te podrías ir de vacaciones.

8. Si mi coche (caber) .... en el garaje, no tendría que dejarlo en la calle.

9. Si me lo (pedir) .... con educación, te lo (dar) ....

10. Si (poner) .... más empeño, (conseguir) .... lo que quisieses.

15.4. Transforma las oraciones del ejercicio anterior, utilizando la estructura:

> **De + infinitivo, condicional**

1. ..De trabajar más, ganaría más dinero...

2. ....

3. ....

4. ....

5. ....

6. ....

7. ....

8. ....

9. ....

10. ....

15.5. Completa las frases utilizando los nexos condicionales del cuadro. En algunos casos es posible más de un nexo.

> **salvo que • a no ser que • excepto que • siempre y cuando • con tal de que • siempre que • a condición de que**

1. Convencería al cliente de firmar el contrato hoy mismo .... me ofrecieran una comisión.

2. ► Oye, ¿y tú te cambiarías de ciudad por trabajo?
   ► ¡Qué va! Bueno, ... me ofrecieran un sueldo buenísimo.

3. ► A mí siempre me ha gustado viajar sola, me parece mucho más interesante. ¿Tú te atreverías a viajar solo durante seis meses por diferentes continentes?
   ► Claro que sí, ... tuviese suficiente dinero y conociese a algunas personas de los países que visitara.

4. ► Ya estás otra vez con el cigarrito. Lo tuyo sí que es vicio. ¿Crees que podrías dejar de fumar si fuera necesario?
   ► Pues, ... afectara muchísimo a mi salud o a las personas de mi alrededor, no, creo que no lo dejaría.

5. ► ¿Si pudieras cambiar algo del pasado, que cambiarías?
   ► No cambiaría nada .... pudiera conocerte a ti.

6. ► Entonces, ¿qué? ¿Te vienes a la piscina con nosotros?
   ► No, a mí lo de la piscina no me va. No me metería en una piscina .... tuviera que evitar que se ahogara alguien.
   ► ¡Qué exagerado!

7. ► ¿Conoces a alguien que se exiliara a causa de la Guerra Civil?
   ► Sí, un tío de mi padre se marchó y dijo que volvería .... cambiara el sistema político, pero cuando finalmente España se convirtió en una democracia, ya fue demasiado tarde para él.

8. ► No entiendo por qué tomaste esa decisión, la verdad.
   ► ¿Tú crees que a mí me ha gustado? Habría preferido hacer cualquier otra cosa .... alguien me hubiera ayudado. Pero nadie se ofreció.

9. ► Tengo mi coche en el taller, ¿me dejas el tuyo?
   ► Ni hablar, no te lo dejaría .... hubiera alguna emergencia.
   ► Muchas gracias, generoso.

10. ► Ayer me quedé sin agua caliente y tuve que ducharme con agua congelada.
    ► ¿Por qué no me lo dijiste? Podrías haber utilizado mi ducha .... después me hubieras hecho la cena.
    ► No sé si darte las gracias o llamarte caradura.

15.6. Completa las frases escribiendo el verbo correctamente con las formas: pretérito pluscuamperfecto de subjuntivo o condicional compuesto.

1. Si (aceptar) .... ese trabajo, no habría viajado tanto.

2. El helicóptero (rescatar) .... a los excursionistas, si le hubieran dado las coordenadas correctas.

3. Si no (leer) .... ese artículo, no habría podido contestar a esa pregunta.

4. Te (invitar) ...., si (saber) .... que estabas tan interesado.

5. (Conseguir) .... sus objetivos si (tener) .... más tesón pero, como siempre, se rindieron demasiado pronto.

6. El equipo de balonmano (ganar) .... las semifinales, si el arbitraje (ser) .... justo.

7. Si no (distraerse) ...., la tarta no (quemarse) ....

8. Si (declarar) .... la verdad ante el juez, le (caer) .... diez años como mínimo.

9. (Posponer) .... la reunión, si (avisar) .... de que llegabas tarde.

10. Si me (describir) .... la casa antes, te (decir) .... que era la misma casa en la que estuve el año pasado.

15.7. Pon los verbos en el tiempo adecuado: pretérito imperfecto de subjuntivo, condicional simple, "de + infinitivo", pretérito pluscuamperfecto de subjuntivo, condicional compuesto, "de + infinitivo" compuesto.

1. Si (tener) .... una segunda oportunidad, la aprovecharía.

2. De (empezar) .... antes, nos habríamos dado cuenta a tiempo de que no teníamos suficiente material.

3. No me gustaría volver al mismo sitio de vacaciones, excepto si (ser) .... con gente diferente.

4. Si llego a saberlo antes, no te lo (preguntar) ....

5. No (contestar) .... a las preguntas a no ser que fueran tipo test.

6. No te lo diría, si no (saber) .... que puedo confiar en ti.

7. Habría entendido tu reacción, si te (dar) .... algún motivo.

8. Si el gobierno hubiera tenido verdadero interés, la crisis (resolverse) .... hace tiempo.

9. El peluquero me dijo que mi pelo no perdería color, siempre y cuando me lo (lavar) .... con este champú y este acondicionador.

10. De (escuchar) .... a ti, nos habríamos ahorrado muchos problemas.

11. El postoperatorio ha sido horrible. No volvería a operarme de la nariz a no ser que no (poder) .... respirar.

12. Si (triunfar) .... en América, nos había llamado para contárnoslo.

13. Habría ido siempre y cuando me (invitar) ....

14. ¿Y ahora qué? Acordamos que no me (interrumpir) .... salvo que tuvieras una pregunta realmente importante.

15. De (pasar) .... la prueba, habría logrado su sueño: trabajar con las grandes estrellas.

16. Si llego a saber lo de tu falta de discreción, no te lo (decir) ....

17. ¿Qué me dirías si te (invitar) .... al cine?

18. Si alguien (sobornar) .... a los políticos, habrían encontrado pruebas.

15.8. Lee el siguiente texto.

SOS europeo por el lince

Un informe alerta a los europarlamentarios de la dramática situación del felino, para el que se piden medidas urgentes.

Elena Aljarilla
Especial para EL MUNDO

1. BRUSELAS.- El lince ibérico, cuyos últimos ejemplares supervivientes habitan en España, se encuentra al borde de la extinción, según denuncia un informe del Grupo de los Verdes en el Parlamento Europeo. La eurodiputada británica Caroline Lucas presentó ayer un estudio que muestra la dramática situación de este singular felino, para el que se piden medidas urgentes que permitan su conservación, "antes de que sea demasiado tarde".

2. Según el informe, sería la primera extinción de una especie de felinos desde los tiempos de la prehistoria, una "terrible vergüenza para Europa y una pérdida irreparable para la conservación de la naturaleza en todo el mundo".

3. En la actualidad, la población del lince ibérico se limita a 135 ejemplares entre los que únicamente hay 28 hembras en edad reproductiva. Su esperanza de vida se ha reducido de trece a cinco años y de las 50 poblaciones que había hace solo una década hoy solo quedan dos en condiciones para la reproducción.

4. En el informe, que se realizó en un periodo de seis meses entre octubre de 2003 y marzo de 2004, se destaca que "queda muy poco tiempo para salvar esta especie porque está demasiado cerca de la extinción y los esfuerzos de conservación que se están llevando a cabo todavía no están demasiado desarrollados". En concreto se subraya que todavía "no hay programas de reproducción en cautividad que funcionen y que los controles de caza no han conseguido proteger al lince y a su hábitat".

5. Entre otras denuncias, el informe destaca que de las dos poblaciones existentes en España, una está amenazada por la construcción de una autopista entre Madrid y Córdoba que solo reducirá el viaje 19 minutos, por lo que no merece la pena.

6. Para solucionar esta dramática solución, los Verdes piden medidas concretas, como por ejemplo, la repoblación de las zonas habitadas por el lince con liebres y conejos que le sirvan de alimento, y la puesta en marcha de un programa de alimentación suplementaria. Además, proponen la conveniencia de reintroducir linces criados en cautividad en los parajes donde habitualmente viven y acabar con todo tipo de caza en estas zonas.

15.8.1. Resume cada párrafo en una sola frase.

1. ....
2. ....
3. ....
4. ....
5. ....
6. ....

15.8.2. Como has leído en el último párrafo del texto, los Verdes proponen una serie de soluciones para evitar la extinción del lince ibérico. Escribe esas soluciones en forma de condicional completando el esquema.

1. Si ....
2. Si ....
3. Si .... } , salvaríamos al lince.
4. Si ....

Unidad 16

16.1. **Completa las frases con el verbo *ser* o *estar* en la forma adecuada.**

1. El entierro .... pasado mañana en el cementerio del pueblo.

2. El pañuelo que me trajeron de la India .... de seda.

3. ¡Cómo pasa el tiempo! Ya .... a finales de mayo.

4. No tengas miedo, la araña .... muerta.

5. Después de tanto caminar, la verdad es que .... bastante cansada.

6. Hay rebajas en la tienda que me dijiste, las prendas de cuero .... a mitad de precio.

7. .... verdad que no hay nada interesante para ver en la televisión esta noche.

8. Hoy Sonia .... enfadada porque no la han dejado dormir.

9. Mi cuñado .... ingeniero pero ahora .... de profesor.

10. El templo de Debod .... en el Parque del Oeste.

16.2. **Elige *ser* o *estar*.**

1. La sopa es / está buenísima, ¿qué le has echado?

2. No creo que venga hoy a trabajar, es / está malo del estómago.

3. José era / estaba muy malo de pequeño, siempre estaba haciendo travesuras.

4. Yo creo que el marisco era / estaba malo, tengo ganas de vomitar.

5. La exposición es / está muy bien preparada, ya ha ido mucha gente.

6. Ese reloj es / está malo, no es de plata como dice la etiqueta.

7. El monitor de aeróbic de la semana pasada era / estaba buenísimo. ¡Qué guapo!

8. Mi gato no es arisco, es / está muy bueno y tranquilo.

9. Todo el examen es / está mal, lo tendrás que repetir en junio.

10. Por el precio, esa cadena no debe de ser / estar muy buena.

16.3. **Transforma las siguientes frases en otras con *ser* o *estar*.**

1. ¡Vaya por Dios! Las llaves no aparecen por ningún sitio.

   ....

2. Nos quedamos en el restaurante hasta las cinco.

   ....

3. No sé dónde se encuentra esa carretera. En el mapa no aparece.

   ....

4. ¿Cuánto cuesta? Cuesta 30 euros.

   ....

5. La inauguración tendrá lugar en el vestíbulo.

   ....

6. Por el momento trabajo de recepcionista hasta que me salga otra cosa.

....

7. Me parece bien que el gobierno haya aprobado esa ley.

....

8. Esta parcela perteneció a mi tatarabuelo.

....

9. Cuando vivía en Australia me sentía feliz.

....

10. Julián ahora reside en Barcelona.

....

16.4. **Elige el verbo *ser* o *estar* en estas frases, e indica cuando son posibles los dos.**

1. El banquete será / estará en una finca cercana a la iglesia.

2. La fruta es / está carísima.

3. No es / está mal esa falda, es bonita.

4. María es / está muy guapa.

5. Hemos esperado mucho tiempo, ¿ya eres / estás preparada?

6. Los claveles son / están de tu madre.

7. ¿Por qué estás fumando? Porque soy / estoy muy nervioso.

8. La cena es / está en la mesa del comedor.

16.5. **Elige *ser* o *estar*.**

1. .... listo si crees que voy a acompañarte a ver ese espectáculo tan aburrido.

2. Lo que me contaste ayer parece .... un asunto muy grave.

3. ¡Fíjate! Yo pensaba que .... muy callado, pero resulta que hablas por los codos.

4. Loli .... excesivamente atenta contigo, ¿no crees?

5. Creo que el grifo .... abierto, oigo caer agua.

6. No recuerdo .... tan aburrido como esta semana.

7. En Matemáticas soy un hacha, pero en Lengua aún .... muy verde.

8. Me gusta que los colores .... vivos.

9. Las dos teníamos el mismo vestido en la boda, cuando nos vimos... ¡Ay! .... una situación muy violenta.

10. Mi sobrino .... muy interesado en todo lo que tiene relación con el motociclismo.

16.6. **Cambia las frases de activas a pasivas.**

1. Un helicóptero de rescate encontró a los montañeros perdidos.

....

2. El huracán Elisa devastó los pueblecitos de la costa.

....

3. La compañía indemnizó a los afectados por las inundaciones.

....

4. Los sindicatos convocaron la huelga.

....

16.7. Cambia las frases de pasivas a activas.

1. Las cuevas han sido descubiertas por un grupo de espeleólogos.

....

2. El récord de los 100 metros lisos fue batido por el corredor keniata.

....

3. El ganador fue elegido por los telespectadores.

....

4. El cortometraje ganador fue dirigido por Pedro Rubalcaba.

....

5. Las imágenes fueron censuradas por el gobierno de la época.

....

16.8. Víctor se ha levantado con mal pie, completa el texto con *ser* o *estar* y descubrirás por qué.

Víctor **(1)** .... malo aquella mañana. La ventana **(2)** .... abierta toda la noche y ahora tenía fiebre. Se levantó sin ganas de la cama y fue hacia la cocina. Cuando desayunó **(3)** .... aproximadamente las siete. A las ocho aún **(4)** .... sentado frente al tazón de leche. Los cereales **(5)** .... buenos, pero él no tenía hambre. Fue al cuarto de baño y se miró en el espejo. Pensó en lo que había sido su vida hasta aquel momento. No **(6)** .... rico (todavía, pensó) pero **(7)** .... seguro de que ascendería muy rápido en su empresa. **(8)** .... listo y abierto, aunque quizá, a sus veintisiete años aún **(9)** .... algo verde para el puesto de director.

Pero ¿qué importa? Todavía **(10)** .... muy joven para preocuparse por ese tipo de cosas, **(11)** .... mejor **(12)** .... tranquilo. Aunque **(13)** .... enfermo, Juan decidió **(14)** .... un poco más optimista esa mañana. Se dijo a sí mismo: "**(15)** .... inútil seguir quejándome, ¡**(16)** .... harto!"

Se tomó algo para la fiebre y se fue a trabajar como un día más...

16.9. Une las siguientes expresiones con *ser* y *estar* con su significado.

1. Estar de Rodríguez. •

2. Ser una tumba. •

3. Ser un trepa. •

4. Estar en pelotas. •

5. Ser un manazas. •

6. Ser un aguafiestas. •

7. Estar con la mosca detrás de la oreja. •

8. Estar cabreado. •

9. Ser un manitas. •

10. Estar en el quinto pino. •

• a. Ser muy hábil con las manos y poder arreglar o crear cosas pequeñas.

• b. Estar muy enfadado.

• c. No decir nada, guardar un secreto.

• d. Estar muy lejos.

• e. Renunciar siempre a la diversión.

• f. Ser muy torpe con las manos, tirar siempre las cosas.

• g. Querer ascender rápidamente en el trabajo pisando a los demás.

• h. Quedarse solo en casa mientras tu familia está de vacaciones.

• i. Sospechar algo.

• j. Estar desnudo.

16.10. Haz cinco frases con algunas de las anteriores expresiones con *ser* y *estar*.

1. ....
2. ....
3. ....
4. ....
5. ....

16.11. Completa las oraciones pasivas con *ser* o con *estar*.

1. Los vuelos .... cancelados desde primera hora de la mañana debido a la niebla.

2. Un zorro .... visto ayer por unos vecinos alrededor del vecindario.

3. Las esculturas .... trasladadas en camiones por una compañía especial de transportes el próximo mes.

4. La joya .... robada por una banda organizada internacional.

5. Estos estudiantes .... castigados desde el lunes.

6. La policía siempre .... preparada para cualquier emergencia.

7. La maquinaria .... parada ayer por la tarde.

8. Después del partido de fútbol todos .... desilusionados.

9. Las piezas musicales .... interpretadas en estos momentos por el coro nacional.

10. Las imágenes .... recogidas por las cámaras de seguridad del centro comercial.

16.12. Sustituye el verbo *estar* por los siguientes verbos: *hallarse, sentirse, mantenerse*.

1. Te lo tengo dicho, estate callado ¡estoy hablando yo! –le dijo Leticia.
   ....

2. Las ruinas celtas más representativas de España están en el noroeste de la Península.
   ....

3. Tras ser publicada la noticia del escándalo financiero algunos políticos estaban abochornados.
   ....

4. Se dice que los ejercicios aeróbicos son los más indicados para estar en forma.
   ....

5. De haber ingerido un sándwich de la máquina expendedora ahora mismo estaría mal del estómago.
   ....

6. No se sabe a ciencia cierta dónde están los restos mortales de Cristóbal Colón.
   ....

Unidad 17

17.1. Transforma las siguientes frases de forma que no varíe el significado. Te damos ya el comienzo de cada una de ellas y una pista: debes utilizar el verbo *parecer (-se)*.

1. Ese chico siempre se las da de que es muy listo. A veces las apariencias engañan.

   Ese chico...

2. Carlos y Juan son como dos gotas de agua, y la verdad es que no son ni hermanos.

   Carlos y Juan ....

3. Creo que la última actuación de Tom Cruise deja mucho que desear. Se le ve desentrena-do.

   La última actuación de Tom Cruise ....

4. Es una buena idea ir al hotel en régimen de pensión completa. Así te será mucho más cómo-da la estancia.

   Me ....

5. ▷ ¿Qué tal los CD que te presté? ¿A que son una pasada?

   ¿Qué...*?*

   ▶ Creo que son buenos aunque prefiero la música rock.

   Me ....

6. Cada vez que visitamos Las Islas Canarias es para nosotros como estar en el paraíso.

   Cada vez que...

7. Caminar por las calles de París de noche no tiene nada que ver con el ambiente que se vive en mi país.

   Caminar ....

8. Si tengo que valorar lo que ha hecho el presidente, diré que ha sido incorrecto el no haber escuchado la opinión de todos los ciudadanos, ya que para eso nos representa.

   Me ....

9. El profesor tiene toda la pinta de estar al corriente de todo. Mejor que no faltemos a clase estos días.

   El profesor ....

10. ¡Dicen que es clavado a Hugh Grant! No creo yo que eso sea un piropo por muy bien que esté el chico.

    ¡Dicen...*!*

11. ▷ ¡Carmen y María son idénticas!

    ¡Carmen y María..*!*

    ▶ ¡Qué dices! Es como comparar un huevo con una castaña.

    ¡Qué dices! ....

17.2. Construye frases comparativas con los elementos que te proponemos. Verás que hay varias posibilidades. Intenta hacer aquellas que muestren superioridad, igualdad e inferioridad, en el caso de que sea posible. Utiliza el sentido común.

1. Encuentro a Nuria/ bien/ la última vez que nos vimos

   ....

2. Paciencia/ valorada/ ímpetu

   ....

3. Un ejecutivo/ trabajar/ horas/ profesor/ y eso/ cansar

   ....

4. Juan/ 3000 euros/ ingresar/ banco

   ....

5. A Julio le gusta /comida /salada / a ti

   ....

6. Animales de compañía/ fiel/ personas

   ....

7. Ayer/ hacer/ frío/ hoy

   ....

8. Antes/ hablaba/ español/ fluidez/ otros idiomas

   ....

17.3. Los comparativos de igualdad son muy utilizados en español, no solo para mostrar igualdad sino también desigualdad. Transforma las siguientes frases de manera que signifiquen lo mismo. Te facilitamos un ejemplo para que entiendas mejor la mecánica del ejercicio.

1. No estudia tanto como dice en clase.
   ..Estudia menos de lo que dice en clase...

2. No tiene tantas agallas como nos hace creer.

   ....

3. Esa chica no es tan atractiva como dicen.

   ....

4. Soy menos impulsivo de lo que aparento a primera vista.

   ....

5. Últimamente en clase hay menos alumnos de lo que es habitual.

   ....

6. El libro que está leyendo María no es igual de intrigante que el que estoy leyendo yo.

   ....

7. Al final había que añadir menos cantidad de azúcar en este pastel que en el que hicimos ayer.

   ....

8. La operación no resultó tan complicada como parecía en un principio.

   ....

9. En España se come menos de lo que los extranjeros creen.

   ....

10. Hay algún trabajador en esta empresa que no trabaja lo mismo que descansa.

    ....

17.4. **Formar frases con la partícula "como", acompañándola con "si" cuando sea necesario y conjugando adecuadamente el verbo de acuerdo con el contexto.**

1. Sabes que bebo los vientos por ti, decoraremos la casa (querer, tú) ....

2. Estás más nervioso de lo habitual, te comportas (tener, tú) .... un problema gordísimo imposible de solucionar.

3. Últimamente Cristina está muy callada, parece (comer a ella) .... la lengua el gato.

4. Es una pena que el ser humano esté tan cohibido. Nos hemos acostumbrado a actuar (mandar) .... la sociedad.

5. Carmen, deja ya de reñirme, ¡(ser, tú) .... perfecta!

6. ¿Y esa cara de susto?, parece .... nunca (ver, tú) .... una serpiente.

7. Cada vez que voy a esa tienda me miran (tener, yo) .... monos en la cara.

8. Necesito acceder inmediatamente a un puesto de trabajo, si me contratas trabajaré tal y (ordenar, tú) ....

9. Carlos, estoy cansada de hacer siempre las cosas (planear, tú, las cosas) ....

10. ¡Me das una envidia!, vives (ser, tú) .... una reina.

17.5. **A continuación te proponemos dos columnas de palabras, una con verbos y otra con adjetivos. Trata de ofrecernos tu opinión formando frases comparativas. Razona tu respuesta.**

• Jugar al padel	• Leer un libro de misterio	
• Ir al cine	• Pescar	
• Comer en un restaurante de lujo	• Estudiar español	
• Viajar con la mochila	• Recibir un *email*	• Relajante • Pesado
• Ver la televisión en casa	• Ir de compras	• Divertido • Ameno
• Hacer "puenting"	• Nadar	• Emocionante • Cansado
• Bailar sevillanas	• Trabajar en el extranjero	• Aburrido • Entretenido
• Coleccionar cómics	• Ir de hotel	• Peligroso • Interesante
		• Caro • Placentero

• Viajar con la mochila es mucho más emocionante que ir de hotel y comer en un restaurante de lujo ya que estás en pleno contacto con la naturaleza.

• ....

....

• ....

....

• ....

....

- ....
....
....
- ....
....
....
- ....
....
....
- ....
....

17.6. Revisemos los contenidos gramaticales que hemos visto en esta unidad, eligiendo la respuesta correcta, entre las que incluimos. Solo una es válida.

1. Juan, me tienes muy preocupada, actúas como si .... un fantasma.
   - ☐ a. has visto
   - ☐ b. vieras
   - ☐ c. hubieras visto

2. Viajar en tren a Madrid es .... de rápido que viajar en metro.
   - ☐ a. igual
   - ☐ b. tan
   - ☐ c. más

3. Carlos y Alberto .... mucho, son como ....
   - ☐ a. parecen, hermanos
   - ☐ b. se parecen, idénticos
   - ☐ c. se parecen, dos gotas de agua

4. No sé por qué se tiene que meter Marta en mis asuntos, ¡.................... mi madre!
   - ☐ a. ni que hubiera sido
   - ☐ b. como si es
   - ☐ c. ni que fuera

5. Esta claro que de tal palo tal astilla: la hija es .... sincera .... su madre.
   - ☐ a. tanta, como
   - ☐ b. tan, como
   - ☐ c. tan, que

6. Carlos está muy raro, es como si .... molesto por algo.
   - ☐ a. fuera
   - ☐ b. esté
   - ☐ c. estuviera

7. Se cree que no lo sé ¡.................... tonto!.
   - ☐ a. ni que hubiera estado
   - ☐ b. ni que fuera
   - ☐ c. ni que fui

8. Tu hermano es .... alto .... tú.
   - ☐ a. tan, como
   - ☐ b. muy, como
   - ☐ c. igual, de

9. Me he comprado una camisa que .... a la tuya.
   - ☐ a. parece
   - ☐ b. te parece
   - ☐ c. se parece

10. La calle está mojada .... llovido.
    - ☐ a. como si hubiera
    - ☐ b. como si había
    - ☐ c. como si ha

Unidad 18

18.1. Relaciona el adjetivo con la situación.

a. Agarrado/a	**e.** Creído/a	**i.** Carca	**m.** Sobón
b. Hortera	**f.** Pendejo/a	**j.** Chulo/a	**n.** Muermo
c. Repipi	**g.** Pardillo/a	**k.** Payaso/a	
d. Tiquismiquis	**h.** Pijo/a	**l.** Plasta	

1. d Te he dicho una y mil veces que ese no es el sitio del mando a distancia. No entiendo por qué no puedes dejar las cosas en su sitio.

2. ☐ ¡Pero dónde te has comprado esa camisa! Esos colores ya no se llevan.

3. ☐ Creo que es el quinto fin de semana que me quedo en casa viendo la tele sin salir ni llamar a nadie.

4. ☐ Hombre, yo creo que mi trabajo destaca por encima de los demás. ¡Es que estoy hecho un artista!

5. ☐ No te olvides de apagar la luz y la caldera, recuerda cortar el agua, echa las persianas y cierra bien todas las ventanas y puertas, por supuesto, tira la basura y vacía el frigorífico. ¿Te acordarás de todo?, ¿seguro?, ¿sí?

6. ☐ Esta niña siempre quiere ir de rosa, llenarse de lacitos, pincitas…

7. ☐ Yo, qué queréis que os diga, pero lo de las parejas de hecho, no me parece bien.

8. ☐ Ya está Juan con sus bromas. ¿A ver qué se le ha ocurrido ahora?

9. ☐ Ayer lo pasé fatal en la discoteca. Había un tío muy pesado, cogiéndome la mano, poniéndome el brazo por encima del hombro. ¡Y yo no lo conocía de nada!

10. ☐ Ayer no fui a trabajar, dije que estaba enfermo, pero la verdad es que salí anteanoche y bebí demasiado, todavía me dura la resaca.

11. ☐ ¡Pobre Roberto! El fin de semana pasado nos encontramos con Rosa que había ido a Canadá y, en broma, le dijo a Roberto que en Canadá a causa del frío hay unos túneles para que la gente ande bajo tierra y que es obligatorio el uso de casco minero, y va y se lo cree.

12. ☐ Es muy difícil trabajar con nuestro director porque nunca delega, todos los asuntos tienen que pasar por sus manos. Cree que es el único que sabe hacer bien las cosas.

13. ☐ Maite es increíble. Nos fuimos de vacaciones juntas y fue incapaz de invitarnos a algo una sola vez.

14. ☐ Nunca había visto una persona como Borja. Todos los días estrena una camisa de marca, además toma rayos UVA durante todo el invierno para poder lucir moreno en primavera y verano. Y solo sale por los bares de moda.

18.2. Escribe estas opiniones de manera que resulten más suaves.

1. Creo que es hora de terminar la reunión ya.
   Tendríamos que ir terminando ya, ¿no?

2. Es mejor que repitamos todo el trabajo desde el principio.
   ....

3. De acuerdo con todo lo expuesto, opino que la solución está clara.
   ....

4. Deja ya de quejarte y haz algo, hombre.
   ....

5. No saldremos porque con la pinta que tiene seguro que llueve.
   ....

6. Siempre pensé que era un buen padre y ahora me doy cuenta de todos mis errores.
   ....

7. El nuevo parque se construirá en la zona entre los dos municipios para evitar tensiones vecinales.
   ....

8. No hay ninguna duda de que el gobierno tendrá que tomar cartas en el asunto.
   ....

9. Lávate las manos antes de comer.
   ....

10. A partir de mañana cambia el funcionamiento de la empresa y todos los trabajos tendrán que pasar por mis manos y recibir el visto bueno antes de ser presentados a los clientes.
   ....
   ....

18.3. Transforma estas oraciones personales a impersonales poniendo el verbo en tercera persona del plural.

1. El médico me informó de que era necesaria una operación.
   Dicen que tengo que operarme.

2. La Dirección General de Tráfico anuncia grandes retenciones para este fin de semana.
   ....

3. La Oficina de Turismo prevé un aumento importante del número de turistas el próximo verano.
   ....

4. Los servicios meteorológicos informan de grandes precipitaciones en la zona norte de la Península.
   ....

5. He escuchado en la radio que la huelga de barrenderos se prolongará durante dos semanas más.
   ....

18.4. Completa las siguientes frases con "se + verbo" en tercera persona del singular o del plural.

1. (Cambiar) .... libros usados.

2. En Internet (decir) .... que el precio de la gasolina va a subir escandalosamente.

3. ¿Este es el coche que (vender) ....?

4. En este edificio no (permitir) .... animales.

5. No (poder) .... fumar en estas instalaciones.

6. En este restaurante (hacer) .... reservas.

7. No me gustan nada los colores que (llevar) .... este año.

8. En esta tienda no (admitir) .... cambios ni devoluciones.

9. En la piscina municipal (prohibir) .... el uso de colchonetas y balones de playa.

10. En los mejores restaurantes españoles (degustar) .... buenos vinos de la tierra.

18.5. Transforma estas oraciones con agente explícito en oraciones impersonales.

1. Todos los que escucharon se dieron cuenta de sus intenciones inmediatamente.
   Inmediatamente se dieron cuenta de sus intenciones. ....

2. El Ayuntamiento ha decidido instalar parquímetros en la zona centro de la ciudad.
   ....

3. Los estudiantes organizaron la fiesta con muy poco presupuesto.
   ....

4. En dos días los niños han roto los juguetes.
   ....

5. La dirección ha comprado 20 ordenadores para las nuevas oficinas.
   ....

6. Los vecinos compraron el solar para evitar que bajaran los precios del inmueble.
   ....

7. Todos escucharon los gritos y las canciones que salían del estadio.
   ....

8. Cada vez la gente come más comida basura.
   ....

9. La tienda ha vendido todos los pantalones de temporada en dos días.
   ....

10. Ahora las personas mayores viajan más y disfrutan más de su jubilación.
    ....

18.6. Une las dos partes del refrán o expresión.

1. Más vale pájaro en mano •
2. No hay mal •
3. Cuando el río suena •
4. Más vale que sobre •
5. Dime de qué presumes •
6. Agua pasada •
7. Quien mucho abarca •
8. Se coge antes a un mentiroso •
9. Hay que estar a las duras •
10. Perro ladrador •

• a. y a las maduras.
• b. poco mordedor.
• c. poco aprieta.
• d. que cien años dure.
• e. que ciento volando.
• f. agua lleva.
• g. que no que falte.
• h. y te diré de qué careces.
• i. no mueve molino.
• j. que a un cojo.

18.6.1. Relaciona los refranes anteriores con su significado.

A. [2-d] Las cosas malas no duran para siempre.

B. [   ] Es mejor tener más que menos.

C. [   ] Las acciones pasadas ya no tienen importancia.

D. [   ] Si intentas hacer muchas cosas, no podrás hacerlas todas bien.

E. [   ] La mentira siempre acaba descubriéndose.

F. [   ] En todos los rumores hay algo de verdad.

G. [   ] Se dice de las personas que hablan mucho pero no hacen nada.

H. [   ] Hay que ser capaz de disfrutar las cosas buenas y enfrentarse a las malas.

I. [   ] Las personas que más hablan de sus cualidades positivas son las que menos tienen.

J. [   ] Es mejor tener poco seguro que mucho en el aire.

18.6.2. Ahora, aplica cada refrán a su contexto.

1. Tengo una oferta de trabajo increíble, pero de momento no me han dado nada por escrito y la verdad es que me da miedo. Esta claro que mi trabajo es aburrido pero al menos es seguro.
   ....

2. Llevo un año malísimo, entraron en casa y me robaron, además mi coche se ha estropeado y he tenido que llevarlo al desguace porque no me daban nada por él. Encima en el trabajo estamos agobiados. En fin, espero que el próximo año sea mejor.
   ....

3. Siempre me ha demostrado que es un buen amigo. Me lo paso muy bien con él y además, cuando lo he necesitado, siempre me ha ayudado.
   ....

4. A lo mejor me he pasado comprando comida para la cena pero es que no me gustaría quedarme corto.

   ....

5. Todos los días igual, que si ella esto, que si ella lo otro, no sé porque se cree tan especial. La conozco de toda la vida, es una chica de lo más normal.

   ....

6. ▷ Oye, disculpa lo de la semana pasada, no sé qué me pasó.
   ▶ No te preocupes, ya está olvidado.

   ....

7. Ya sabía yo que al final se descubriría la verdad.

   ....

8. Si sigues apuntándote a cursos, no vas a acabar ninguno.

   ....

9. He oído que van a extender el abono joven hasta los 26 años, pero no estoy seguro.

   ....

10. Mira, Juan, porque ya te conocemos, pero cualquiera que te oiga gritando de esa manera puede pensar que eres un ogro.

    ....

18.7. **Crea tu propio anuncio utilizando la estructura impersonal.**

1. Quieres alquilar tu apartamento.
   Se alquila apartamento. ....

2. Vendes libros de segunda mano.

   ....

3. Haces trajes a medida.

   ....

4. Pasas trabajos a ordenador.

   ....

5. Traspasas un local.

   ....

6. Necesitas comerciales para tu empresa.

   ....

7. La policía busca a los atracadores de una joyería.

   ....

8. Has perdido a tu perro. Es un labrador de color negro.

   ....

9. El hospital requiere un traumatólogo con experiencia.

   ....

10. Restauras muebles viejos.

    ....

18.8. Completa la siguiente receta utilizando la estructura impersonal "se + verbo en tercera persona del singular o del plural".

Pastel Chabela

Ingredientes

- 175 gramos de azúcar granulada de primera.
- 300 gramos de harina de primera tamizada 3 veces.
- 17 huevos.
- Raspadura de un limón.

Manera de hacerse

En una cacerola **(1)** (poner) .... 5 yemas de huevo, 4 huevos enteros y el azúcar. **(2)** (Batir) .... hasta que la masa espesa **(3)**, (anexarle) .... 2 huevos enteros más. **(4)** (Seguir) .... batiendo y cuando vuelve a espesar **(5)** (agregarle) .... 2 huevos completos repitiendo este paso hasta que **(6)** (terminar) .... de incorporar todos los huevos, de dos en dos.

Cuando **(7)** (batir) .... los dos últimos huevos, **(8)** (incorporar) .... la ralladura de limón; una vez ha espesado la masa **(9)** (dejar de) .... batir y **(10)** (poner) .... la harina tamizada, mezclándola poco a poco con una espátula de madera, hasta incorporarla toda. Por último **(11)** (engrasar) .... un molde con mantequilla, **(12)** (espolvorear) .... con harina y **(13)** (vaciarle) .... la pasta. **(14)** (Cocer) .... en horno durante 30 minutos.

.*Como agua para chocolate* Laura Esquivel

18.9. Escribe tu receta favorita. Recuerda utilizar "se + verbo en tercera persona del singular o plural".

....

....

....

....

....

....

....

....

....

....

....

....

....

Unidad 19

19.1. **Marca la respuesta correcta.**

1. Para hacer una tortilla de patatas, lo primero que hay que hacer es .... las patatas.

☐ **a.** cortar ☐ **b.** pelar ☐ **c.** dorar

2. En la mayoría de las dietas está prohibido ingerir alimentos ....

☐ **a.** guisados ☐ **b.** pelados ☐ **c.** fritos

3. ▷ ¿Puedo utilizar esta cazuela para hacer el cocido?
▶ No, para el cocido es mejor utilizar la .... Es más rápido.

☐ **a.** sartén ☐ **b.** ensaladera ☐ **c.** olla a presión

4. Muchos platos de pasta saben mejor si pones queso por encima y lo ....

☐ **a.** aliñas ☐ **b.** gratinas ☐ **c.** añades

5. Mi plato favorito son los huevos ....

☐ **a.** revueltos ☐ **b.** batidos ☐ **c.** dorados

6. No soporto la nata en el café. ¿Tienes un/a .... para quitarla?

☐ **a.** espumadera ☐ **b.** servilleta ☐ **c.** colador

7. De la cubertería ya solo me quedan cinco ...., de la vajilla seis platos .... y de la cristalería tres ....

☐ **a.** platos ☐ **a.** hondos ☐ **a.** tazas
☐ **b.** tenedores ☐ **b.** redondos ☐ **b.** vasos
☐ **c.** vasos ☐ **c.** cuadrados ☐ **c.** botijos

8. Fue una comida espléndida y la presentación era maravillosa. Toda la mesa estaba llena de .... con los diferentes alimentos.

☐ **a.** platos ☐ **b.** fuentes ☐ **c.** soperas

9. ¿Puedes .... tú la ensalada? Es que yo siempre me paso con el vinagre.

☐ **a.** asar ☐ **b.** aliñar ☐ **c.** revolver

10. Me han recomendado no .... los carbohidratos con las proteínas.

☐ **a.** revolver ☐ **b.** añadir ☐ **c.** mezclar

11. Lo que más me gusta en este mundo son las patatas ....

☐ **a.** batidas ☐ **b.** cocidas ☐ **c.** hechas

12. Un café "cortado" es un café: ....

☐ **a.** solo ☐ **b.** con leche ☐ **c.** con poca leche

19.2. Clasifica las expresiones del cuadro según su significado.

a. Alegría	d. Enfado	g. Sorpresa
b. Tristeza o dolor	e. Asco	h. Miedo
c. Gusto	f. Indiferencia	i. Aburrimiento

1. Me alegra .... a
2. Me pone de los nervios .... ☐
3. Me repugna .... ☐
4. Me da igual .... ☐
5. Me alucina .... ☐
6. Me asusta .... ☐
7. Me indigna .... ☐
8. Me duele .... ☐
9. Me vuelve loco/a .... ☐
10. Me da grima .... ☐
11. Me chifla .... ☐
12. Me entusiasma .... ☐
13. Me importa un pimiento .... ☐
14. Me preocupa .... ☐
15. No soporto .... ☐
16. Me encanta .... ☐
17. Me entristece .... ☐
18. Odio .... ☐

19. Me cansa .... ☐
20. Me da miedo .... ☐
21. Me molesta .... ☐
22. Me satisface .... ☐
23. Me revienta .... ☐
24. Me pone triste .... ☐
25. Me fastidia .... ☐
26. Me asquea .... ☐
27. Me sorprende .... ☐
28. Me aburre .... ☐
29. Me flipa .... ☐
30. Me saca de quicio .... ☐
31. Me pone a cien .... ☐
32. No me da ni frío ni calor .... ☐
33. Me hastía .... ☐
34. Me impresiona .... ☐
35. Me gusta .... ☐
36. Me disgusta .... ☐

19.3. Completa la frase poniendo los verbos en presente, pretérito perfecto o pretérito imperfecto de subjuntivo.

1. No soporto que (servir) .... la comida fría.

2. Me encanta que (acordarse) .... de mi cumpleaños. Gracias por llamar.

3. Lo que más me gustó fue que todos (animarse) .... a participar.

4. Me molesta que algunas personas no (saber) .... apreciar la gastronomía de otros países.

5. No soporto verle comer. Me da asco que (masticar) .... sin cerrar la boca.

6. Le fastidió que nadie (probar) .... su tarta porque se pasó dos horas haciéndola.

7. Nos sorprende que (decorar) .... la casa con tanto gusto.

8. Me pone nerviosa que la gente (cocinar) .... y luego no (recoger) .... la cocina.

9. Me encantaría que (venir) .... a cenar a casa. Tengo muchas ganas de que charlemos.

10. Me ofende que (pensar) .... que yo puedo hacer algo así.

19.4. **Marca la opción correcta.**

1. Me ha alegrado mucho que, finalmente, ... el puesto de trabajo que buscabas.

   ☐ a. hubieras encontrado ☐ b. hayas encontrado ☐ c. encuentres

2. No se puede decir que sea muy expresivo, por eso, me sorprendió que me .... un abrazo sin ton ni son.

   ☐ a. diera ☐ b. dé ☐ c. haya dado

3. Me indignaría mucho que no me lo .... personalmente.

   ☐ a. diga ☐ b. haya dicho ☐ c. dijera

4. Deberías haber tenido más tacto. A nadie le gusta que le .... en público.

   ☐ a. hayan criticado ☐ b. criticaran ☐ c. critiquen

5. Lo que menos me gustó fue que .... capaz de mentirme de esa manera.

   ☐ a. haya sido ☐ b. fuera ☐ c. sea

6. Me asusta que los niños .... solos en casa. Voy a llamarles ahora mismo.

   ☐ a. se quedaran ☐ b. se queden ☐ c. se hayan quedado

7. Cuando era pequeña lo que más odiaba era que en verano todos los días nos .... a echarnos la siesta dos horas para hacer la digestión antes de poder bañarnos.

   ☐ a. hayan obligado ☐ b. obligaran ☐ c. obliguen

8. A mis hijos les chifla que les .... al parque y .... con ellos.

   ☐ a. hayan llevado ☐ b. lleváramos ☐ c. llevemos
   ☐ a. juguemos ☐ b. hayan jugado ☐ c. jugáramos

9. Me da rabia que el jurado no .... en cuenta todos los méritos de los concursantes en este certamen.

   ☐ a. haya tenido ☐ b. hubiera tenido ☐ c. tenga

10. Nos da igual lo que .... a hacer los demás, nosotros ya hemos tomado una decisión.

    ☐ a. fueran ☐ b. vayan ☐ c. hayan ido

19.5. **Ordena estas frases.**

1. ha me mi marido me a cama desayuno Siempre la gustado el que lleve

   ....

2. pegara que la media puse el Me temperatura miedo tarta daba se que así horno a

   ....

3. ellos hecho Les que allí ir daban su entristece podamos no con que boda por a estaríamos

   ....

4. comida y vez Odio se de guardarla siguiente para en que sobre día el tire

   ....

5. chiflaba pequeña buenísimas le mi que De me croquetas abuela hiciese salían

   ....

6. sé decir todos ahora ya encanta me que qué No venido hayas estamos

   ....

7. que la al casa Nos comprarais de encantaría más lado vernos mucho podríamos así

   ....

8. fingiera Lo sido él que fue que había no molestó más que me

....

9. dieta A extrañó no estaba todos nos repitiera no que sabíamos a que

....

10. importa o menos es sea y cuando Lo que siempre el la restaurante buena me comida que elegante no sea

....

19.6. **Relaciona estas expresiones con su significado.**

1. Importar un pimiento. •	• a. Ser atractivo/a.
2. Dar calabazas. •	• b. Conformarse con lo que se tiene aunque sea malo.
3. Pedir peras al olmo. •	• c. Rechazar a alguien.
4. Tener mala leche/uva. •	• d. Tener mal carácter.
5. Estar como un queso. •	• e. En todos los lugares hay problemas similares.
6. Ser pan comido. •	• f. Ser fácil.
7. Al pan, pan y al vino, vino. •	• g. Pretender un imposible de una persona o cosa.
8. En todas partes cuecen habas. •	• h. No rotundo.
9. Naranjas de la china. •	• i. No considerar importante algo.
10. Ajo y agua. •	• j. Decir las cosas claramente.

19.6.1. **Completa las siguientes situaciones con estas expresiones.**

1. ▷ ¿Te han contado lo último de Juan? Pues…
   ▶ ¡No sigas! Paso de esos temas, ...

2. ▷ ¿Qué? ¿Llamando otra vez a Verónica?
   ▶ Sí, ya sabes, el que la sigue, la consigue.
   ▷ Ya tío, pero es que ya te .... cien veces.

3. Tengo que pedirle un día libre al director esta semana, pero no me atrevo porque ....

4. Mañana tengo un examen pero no voy a estudiar porque lo tengo controlado, ...

5. No soporto que la gente se ande con rodeos y no diga lo que piensa, con lo fácil que es llamar ....

6. ¿Que te limpie el coche? ....

7. Nada, hombre, si te han echado del curro, pues qué le vamos a hacer, ...

8. ¿Te acuerdas de lo feúcho que era mi vecino? Pues ahora ....

9. ▷ No lo aguanto más, mi madre que recoja la habitación, mi padre que no me deja el coche, mi hermano que no me habla y mi hermana que me quita la ropa…
   ▶ No te preocupes tía, en mi casa igual, ...

10. Me estoy bajando una peli de Internet, ya llevo tres días y no termina. Aunque claro, mi conexión va muy lenta, así que ....

Unidad 20

20.1. Carmen y Pedro hablan sobre distintos deportes de riesgo. Lee atentamente el diálogo que mantienen y localiza las oraciones concesivas que ambos utilizan. Una vez localizadas, identifica lo que expresa cada una de ellas con ayuda del cuadro que te presentamos a continuación.

> Carmen: El otro día fui a Xanadú a hacer *snowboard*. La verdad es que es un deporte muy interesante; sin embargo, aunque lo practico todos los fines de semana, siempre vuelvo a casa con algún golpe.
>
> Pedro: No sabía que lo practicaras tanto. A mí lo que realmente me apasiona son todo tipo de deportes de riesgo pero la nieve y yo no somos compatibles.
>
> Carmen: ¿A qué tipo de deportes te refieres exactamente?
>
> Pedro: Pues, por ejemplo, al *puenting*. Últimamente lo practico con bastante frecuencia.
>
> Carmen: ¿Quieres decir que te tiras desde un puente solo con una cuerda? Solo de pensarlo se me ponen los pelos de punta. No lo haría ni aunque me pagasen.
>
> Pedro: Es una pena que pienses así porque es muy excitante. Por un momento solamente estás tú y el aire. Aunque sea un deporte peligroso, no puedo dejar de sentir la necesidad de experimentar esa sensación de riesgo.
>
> Carmen: ¿Y qué ocurriría si un día tienes un problema con la cuerda, o con el nudo de amarre?
>
> Pedro: Por Dios, Carmen. Siempre te pones en lo peor. Por más que te lo repita, no te va a entrar en la cabeza. Te estoy hablando de un deporte que practico con ayuda de profesionales. Me encanta el riesgo pero no soy un temerario. ¿Por qué no me acompañas un día y así te quedas más tranquila?
>
> Carmen: No sé. Quizás lo haga algún día, aunque la idea de verte colgado no me convence en absoluto.
>
> Pedro: Ya verás como no es para tanto...

1. El hablante aporta al oyente una información nueva. Se refiere a un hecho experimentado o conocido, a la existencia real de una dificultad.

....

....

2. El hablante introduce una información que ya es conocida por el oyente o que simplemente utiliza, no para informar, sino para dar su opinión. Se refiere a un hecho que no le importa o que no ha comprobado.

....

....

3. El hablante expresa además de un contraste, un rechazo hacia la idea introducida por el conector, ya que le parece difícil de creer o de realizar. Además, marca que esa idea no le hará cambiar de opinión.

....

....

20.2. Crea contrastes en las frases siguientes con ayuda de los conectores concesivos. Debes elegir cuál es la forma verbal adecuada de las dos que presentamos. Para ello, presta mucha atención al tipo de información que se introduce en cada una de ellas.

1. ▷ ¿Qué tal te va todo, Carlos?
   ► Bueno, no puedo quejarme. Me han ascendido en el trabajo; sin embargo, por más que me esfuerzo / esfuerce en agradar a mi jefe, no deja de tratarme como un don nadie.

2. ▷ ¿Qué tal en el trabajo, Carlos? Creo que estás todo el día haciendo recados a tu jefe.
   ► Bueno, no puedo quejarme. Por fin me han ascendido; sin embargo creo que por más que me esfuerzo / esfuerce en agradarle, no dejará nunca de tratarme como un don nadie.

3. ▷ Estoy harto de estar todo el día delante de los libros. Creo que el profesor nos ha puesto demasiados deberes.
   ► La verdad es que tienes toda la razón. Aunque estemos / estamos todo el curso estudiando a tope, nunca va a ser suficiente para él.

4. ▷ Aunque era / fuera verano, seguiríamos sin poder subir a uno de esos picos de la sierra.
   ► La verdad es que ya es primavera y no parece que vaya a ser posible.

5. ▷ Aunque estaba / estuviese todo el día haciendo ejercicio, creo que no sería capaz de bajar de peso.
   ► Bueno, Ana, no te quejes tanto que llevamos solo yendo al gimnasio dos semanas.

6. ▷ Aunque no me he casado / hubiera casado nunca, he tenido siempre relaciones estables.
   ► ¡Pero qué dices!, si la única relación estable que has tenido en tu vida solamente te duró dos meses.

7. Mi madre me ha advertido que vaya al médico para hacerme un chequeo aunque yo no sé / sepa si ir o no.

8. ▷ ....
   Perdone, detective García, ¿ha oído en las noticias que los ladrones del banco han sido unos extranjeros?
   ► A pesar de que los informes policiales dicen / digan que los ladrones han sido ellos, yo removeré cielo y tierra hasta encontrar a los verdaderos culpables.

20.3. No solamente tendrás que elegir el modo verbal para completar las frases siguientes, sino que te proponemos que también pienses en el tiempo adecuado de cada verbo que te presentamos entre paréntesis.

1. Este Iván siempre está haciendo el mono en cada sitio que va. La verdad es que aunque (tener) .... 25 se comporta como si tuviese 12.

2. Hoy es el cumpleaños de Iván, y la verdad es que aunque (cumplir) .... 25 sigue comportándose como un niño.

3. Pese a que (recibir) .... muchas críticas, continuó trabajando con tanta profesionalidad como el primer día.

4. Mira qué nubes, he oído en el telediario que va a hacer malísimo; sin embargo aunque (llover) ...., llevaré de excursión a mis hijos. Se lo he prometido.

5. Aunque me (tocar) .... la lotería, no dejaría de trabajar. Es una de las cosas que más me gusta, aunque la gente siempre (decir) .... que estoy loca.

6. Ya sabes que me he trasladado, y la verdad es que aunque no (arrepentirse) ...., echo mucho de menos mi antigua casa.

7. Aunque Marta (decir) .... la verdad, nunca la creería. Siempre utiliza la mentira como algo habitual.

8. Por más que (insistir) ...., no conseguirás convencerme para que te acompañe a tu cita con Mario.

20.4. **España ha cambiado bastante últimamente en un intento por alcanzar un bienestar a todos los niveles y una modernización de la que se dice carecía. Este cambio se refleja bastante en el lenguaje, concretamente en el vocabulario deportivo. Lee el siguiente texto con atención y reflexiona acerca de este fenómeno que no solo se viene dando en la lengua y la cultura española. Te proponemos también unas cuestiones de apoyo a resolver, y finalmente, un pequeño debate.**

Barbarismos

Desde que las insignias se llaman *pins*, los homosexuales, *gays*, las comidas frías, *lunchs*, este país no es el mismo. Ahora es mucho más moderno.

Durante muchos años, los españoles estuvimos hablando en prosa sin enterarnos. Los niños leían tebeos en vez de *comics*, los jóvenes hacían fiestas en vez de *parties*, los estudiantes pegaban *posters* creyendo que eran carteles, los empresarios hacían negocios en vez de *business*, y los obreros, tan ordinarios, sacaban la fiambrera al mediodía en vez del *catering*. Yo mismo, en el colegio hice *aeróbic* muchas veces, pero como no lo sabía, no me sirvió de nada. En mi ignorancia, creía que hacía gimnasia.

Aunque antes no éramos conscientes de este atraso, afortunadamente todo esto ya ha cambiado. Hoy, España es un país rico a punto de entrar en Maastricht, y a los españoles, pese al rechazo que algunos muestran, se nos nota el cambio simplemente cuando hablamos, lo cual es muy importante. El lenguaje, ya se sabe, es como la prueba del algodón: no engaña. Las cosas, en otro idioma, mejoran mucho y tienen mayor prestancia. Sobre todo en inglés, que es el idioma que manda.

Desde que Nueva York es la capital del mundo, nadie es realmente moderno mientras no diga en inglés un mínimo de cien palabras. Desde ese punto de vista, los españoles estamos ya completamente modernizados. Es más, creo que hoy en el mundo no hay nadie que nos iguale. Porque mientras en otros países toman solo del inglés las palabras que no tienen –bien porque sus idiomas son pobres, cosa que no es nuestro caso, o bien porque pertenecen a lenguajes de diferente creación, como el de la economía o el de la informática–, nosotros, más generosos, hemos ido más allá y hemos adoptado incluso las que no nos hacían falta. Aunque tardásemos en dar el paso, nuestra postura implica una nueva apertura y una capacidad para superarnos.

Así, ahora por ejemplo, ya no decimos bizcocho, sino *plum-cake*, que queda mucho más fino, ni tenemos sentimientos, sino *feelings*, que es mucho más elegante. Y de la misma manera, sacamos *tickets*, compramos *compacts*, usamos *kleenex*, comemos *sandwiches*, vamos al *pub*, nos quedamos *groggies*, hacemos *rappel* y, los domingos, cuando salimos al campo, en lugar de acampar como hasta ahora, vivaqueamos o hacemos *camping*, aunque sea exactamente lo mismo.

Aunque no somos todavía muy conscientes, en el plano colectivo ocurre exactamente lo mismo que pasa a nivel privado: todo ha evolucionado. En España, por ejemplo, hoy la gente ya no corre: hace *jogging* o *footing* (aunque depende mucho del chándal y de la indumentaria que se le añada); ya no estudia: hace *masters*; ya no aparca: deja el coche en el *parking*, que es muchísimo más práctico. Hasta los suicidas, cuando se tiran de un puente, ya no se tiran. Hacen *puenting*, que es más *in*, aunque, si falla la cuerda, se matan igual que antes.

En el deporte del *basket* –que antes era el baloncesto–, los clubs ya no eliminan, sino que juegan *play-offs*, que son más emocionantes, y a los patrocinadores se les llama *sponsors*, que para eso son los que pagan.

Para ser ricos del todo y quitarnos el complejo de país tercermundista que tuvimos algún tiempo y que tanto nos avergonzaba, solo nos queda decir siesta –la única palabra que el español ha exportado al mundo, lo que dice mucho a favor nuestro– con acento extranjero.

Texto adaptado de Julio Llamazares, *El País*.

CUESTIONES:

1. Una vez leído el texto reflexiona un poco: ¿qué crees que quiere decir el autor con este texto?

2. Localiza las oraciones concesivas que hay en el texto, y dinos: ¿qué expresa cada una de ellas?

3. Tenemos entonces en la lengua española un gran número de palabras procedentes del inglés, aunque no debido a una falta de vocabulario sino por sustitución. Localízalas y trata de buscar su correspondiente en español. ¿Son palabras directamente trasladadas desde la lengua de origen?; si no es así, ¿cómo piensas que se forman?

4. Habrás notado que muchos de esos términos conocidos como barbarismos pertenecen al campo semántico de los deportes, ¿a qué crees que es debido?, ¿cuáles dirías tú que son las causas de esta invasión?, ¿crees que enriquecen la lengua o, por el contrario, la empobrecen?

Trata de utilizar en el debate **expresiones** para mostrar tu razonamiento, convencer a alguien o darle/quitarle la razón.

20.5. **A continuación, como ves, tienes unas frases incompletas. En ellas debes incluir la estructura reduplicativa de subjuntivo correspondiente de las siguientes que se encuentran dispersas.**

• Se ponga lo que se ponga.
• Pase lo que pase.
• Esté como esté.
• Digan lo que digan.
• Haga lo que haga.
• Piensen lo que piensen.
• Actúe como actúe.
• Mires a donde mires.
• Opine lo que opine.
• Sea como sea.
• Vayas a donde vayas.
• Vengas a la hora que vengas.
• Se ponga como se ponga.
• Quieras o no quieras.
• Me ayuden... o no.

1. Ana, tienes que entregar de una vez el examen, ...

2. Tengo que ir a esa reunión con mis jefes para firmar el acuerdo ....

3. Siempre me están criticando por lo que digo o hago en esta oficina pero, ..., yo voy a seguir haciendo y diciendo lo que me dé la gana.

4. No me gusta mentir a nadie y la verdad es que creo que él debería saber la verdad de este asunto, ...

5. Llevo planeando esta excursión a Lanzarote desde hace un año así que, ..., no pienso perdérmela.

6. Ya sé por qué al norte de España se le conoce como el manto verde, ... hay una extensa vegetación.

7. Para que veas que te aprecio, te esperaré con la cena preparada ....

8. En ese país la gente es muy cordial, ..., siempre eres bien recibido.

9. La verdad, qué envidia me da Julia, ..., siempre está elegante.

10. Mi madre tiene mucha energía, puede estar todo el día haciendo deporte y, ... , siempre está fresca como una lechuga.

11. Carmen tiende a actuar muy precipitadamente en este tipo de situaciones, pero .... pienso sacar el tema sin pensármelo dos veces.

12. Tengo que decir a todos la verdad de lo que he hecho, ... de mí.

Unidad 21

21.1. **Completa las siguientes frases con la forma adecuada del verbo.**

1. Es muy temprano aún para que (empezar) .... el concierto, debemos esperar como mínimo dos horas más.

2. Habría llamado para (avisar, a ti) .... pero no tenía saldo en el móvil.

3. Le regalaron una moto para que (practicar, él) ....

4. Mi suegro se presentó al concurso para (salir) .... por televisión.

5. ¿Ha venido para que (recibir, a usted) .... el Sr. Contreras? Espere un momento, por favor.

6. Te noto cansada para (ir) .... a la fiesta esta noche.

7. Siéntate bien en la silla para que no (doler, a ti) .... la espalda después.

8. Se inventó toda su declaración para no (ir) .... a la cárcel.

9. Me leí previamente los requisitos para (saber) .... qué papeles tenía que entregar.

10. En España debes tener más de 18 años para (comprar) .... alcohol.

11. Te lo dije para que *(estar)* .... sobre aviso, no para que (enfadarse) ....

21.2. **Sustituye *para* por estos otros conectores que expresan finalidad.**

> con el propósito de • a • por • con tal de • que • a fin de

1. *Para* apuntarse a nuestros viajes, hace cualquier cosa.

....

2. La comisión surgió *para* ayudar al pueblo hondureño de Choluteca.

....

3. Cuando llegó al aeropuerto, se cambió de ropa *para* que no le reconocieran.

....

4. Estate pendiente de las maletas *para que* no te las roben.

....

5. Durante el trasbordo, fui a la cafetería *para* comer algo.

....

6. Se trasladó a la costa levantina *para* cambiar de aires.

....

21.3. **Completa las siguientes frases con la forma verbal adecuada.**

1. Salió a (despejarse) .... un rato porque allí dentro había mucho humo.

2. Lo expuso con el propósito de que todos le (entender, nosotros) .... perfectamente.

3. Ven que te (ver, yo) .... lo guapo que estás.

4. Me mandaron a Suiza con el objeto de que (aprender, yo) .... francés e inglés.

5. Podemos jugar a las damas o al ajedrez para (matar) .... el tiempo.

6. Con tal de que le (llevar, nosotros) .... al cine con nosotros es capaz de cualquier cosa.

7. No dije nada con la idea de (mantener) .... el secreto.

8. La empresa ha reducido la jornada laboral a fin de que los empleados (estar) .... contentos.

9. He bajado a (comprar) .... el pan y me he entretenido con unas vecinas.

10. ¡No hemos venido aquí a que nos (tomar, ellos) .... el pelo! ¡Vaya descaro!

11. A fin de (mejorar) .... las comunicaciones, han empezado a funcionar los transmisores.

12. Fuimos a su apartamento con la idea de (convencer, a ella) .... para que regresara con nosotros.

21.4. **Lee el texto sobre trucos del hogar y completa con la forma del verbo adecuada.**

■ **Cubitos de hielo.** Para que la cubitera no **(1)** (pegarse) .... en el congelador debes impregnar el suelo de la cubitera con un poco de aceite o crema de manos.

■ **Pilas gastadas.** Si necesitas pilas urgentemente y las tienes gastadas, puedes ponerlas unas horas en el congelador para **(2)** (recargar) ....

■ **Cajones que no deslizan.** Para que los cajones de todas tus mesillas o cómodas **(3)** (deslizarse) .... cómodamente, frótalos con un poco de jabón de pastilla o también con cera de velas.

■ **Manchas de bolígrafo.** Son muchos los trucos que hay sobre este tema. Si te has manchado de tinta, para **(4)** (limpiar) .... se debe sumergir la zona afectada en alcohol, y comprobarás que la mancha se diluye hasta desaparecer.

■ **Ojos hinchados.** En ocasiones nos levantamos con los ojos un poquito hinchados y no sabemos qué hacer para **(5)** (devolver) .... a su estado normal. Un antiguo remedio para **(6)** (solucionar) .... este problemilla consiste en humedecer un pañuelo de papel con agua, meterlo en el congelador durante quince minutos y, luego, colocarlo sobre los ojos unos instantes. Casi como por arte de magia tus ojos se habrán descongestionado de inmediato.

■ **Quitar etiquetas.** Si has estrenado piso, o acabas de cambiar el baño o comprar cristalería, es casi seguro que todos ellos traigan pegadas las etiquetas. Para **(7)** (eliminar) .... sin que quede rastro de ellas, mójalas bien con agua caliente y un chorrito de detergente, deja que absorban bien la mezcla para que **(8)** (empaparse) .... Luego, con ayuda de un paño y alcohol, ve frotando formando círculos con el fin de que **(9)** (desaparecer) .... por completo.

■ **Velas duraderas.** Para que las velas **(10)** (durar) .... mucho más tiempo solo tienes que introducir las velas en el congelador como mínimo una hora antes de utilizarlas.

■ *Stop* **a la caspa.** Para **(11)** (evitar) .... la molesta y antiestética caspa, añade una aspirina efervescente al agua del último aclarado cuando te laves el pelo. En muy poco tiempo, tendrás unos resultados estupendos.

Adaptado de: *www.artesaniaydecoración.com*

21.5. **Completa libremente las frases.**

1. Vete a ....

2. No puedes venir para que ....

3. Nos reuniremos para hablar del proyecto con tal de que ....

4. Llegó pronto para que ....

5. Coge la cámara de fotos que ....

6. ¿Por qué no subes a .... ?

7. No dormí en toda la noche para ....

8. Guárdalo que ....

9. Salía de clase para que ....

10. Voy a ir al médico a que me ....

21.6. **Aquí tienes una descripción de los principales organismos internacionales.**

ONU: la Organización de las Naciones Unidas se creó en 1945 con el propósito de mantener la paz y seguridad en el mundo, estudiar los problemas socioeconómicos y culturales internacionales y, en general, para promover las buenas relaciones entre los diferentes Estados. Su sede está en Nueva York.

UNESCO: la Organización de las Naciones Unidas para la Educación, la Ciencia y la Cultura (UNESCO), es una institución creada en 1946 con la finalidad de fomentar el conocimiento mutuo, el entendimiento entre los pueblos y la difusión de la cultura en el ámbito mundial. Sus actividades se centran en los campos de la educación, ciencias sociales, ciencias naturales, rehabilitación de obras de arte y patrimonio de la humanidad, comunicación de masas, campañas contra el analfabetismo, intercambios personales entre estudiantes de diferentes países, oportunidades laborales, etc. Tiene su sede en París.

UNICEF: el Fondo Internacional de las Naciones Unidas para la Infancia (UNICEF), es una institución especializada, creada en 1946 con la finalidad de socorrer a la población infantil en Europa y China después de la Segunda Guerra Mundial. Desde 1950 ha desarrollado labores muy meritorias en el campo sanitario, especialmente en áreas como África y Asia; actualmente centra sus programas, sobre todo, en la población infantil de los países del Tercer Mundo.
Más de la mitad de los ingresos de UNICEF proceden de fuentes gubernamentales, pero numerosas organizaciones no gubernamentales y de todos los ámbitos sociales son también contribuyentes, además de colaboradores con los programas y actividades de la institución. La sede de la UNICEF se encuentra en Nueva York.

OMS: la Organización Mundial de la Salud (OMS-WHO) tiene su origen en la Conferencia de San Francisco (1945), y fue convertida en una institución especializada de la ONU el 7 de abril de 1948.
Las funciones de la OMS se centran, preferentemente, en la asistencia a los Gobiernos del Tercer Mundo, con servicios consultivos de orientación a la prevención de las epidemias y organización de las cuarentenas, control de medicamentos, protección de la alimentación infantil, etc. Los servicios técnicos de la OMS se encargan de establecer criterios internacionales sobre sanidad.
Para llevar a cabo todas estas actividades, la OMS se coordina no solo con los diferentes gobiernos, sino también con variados organismos, algunos dependientes de la propia ONU y otros de naturaleza no gubernamental.

FAO: la Organización de las Naciones Unidas para la Alimentación y la Agricultura (FAO), es una institución especializada de la ONU fundada el 16 de octubre de 1945 en Québec. Su sede está en Roma.

Sus funciones son el estudio de las condiciones alimentarias y agrícolas del mundo, asegurando la distribución de los productos alimentarios y proporcionando la ayuda técnica necesaria para la consecución de mayor rendimiento, consumo y mejores condiciones de vida en las zonas rurales.

ACNUR: el Alto Comisariado de las Naciones Unidas para los Refugiados (ACNUR-UNHCR) es un organismo creado en 1951.

Su misión es, desde una perspectiva apolítica, proporcionar protección jurídica internacional a los refugiados o desplazados forzosos, así como resolver problemas de carácter social, personal, auxilio material y sanitario, y proceder a su repatriación y restablecimiento cuando las condiciones son favorables y con visos de estabilidad. Se financia con las contribuciones voluntarias de los países más desarrollados. Tiene su sede en Ginebra.

CRUZ ROJA: el Comité Internacional de la Cruz Roja (y ahora también la Media Luna Roja), es una de las primeras uniones internacionales (se fundó en 1863), y tal vez la que más prestigio ostenta en el campo de la ayuda humanitaria a nivel mundial. Se trata de una organización y movimiento internacional que procura ayuda en tiempos de guerra a los soldados heridos, civiles y prisioneros. En tiempos de paz, además de realizar funciones de servicio público ordinario, proporciona ayuda médica y de otro tipo a los afectados por desastres naturales, epidemias, hambrunas, etc.

Adaptado de: *www.iespana.es/natureduca/geog_hum_organizac6.htm*

21.6.1. Contesta verdadero o falso a las siguientes afirmaciones.

	Verdadero	Falso
1. ACNUR tiene claros fines políticos.	☐	☐
2. La FAO es un organismo independiente de la ONU.	☐	☐
3. La OMS se encarga de proporcionar protección jurídica.	☐	☐
4. La Media Luna Roja no se fundó en 1863.	☐	☐
5. UNICEF se centra en la ayuda a la infancia.	☐	☐

21.6.2. Escribe los antónimos de estas palabras.

1. Apolítico: ....

2. Proporcionar: ....

3. Control: ....

4. Público: ....

5. Coordinación: ....

6. Ordinario: ....

7. Estabilidad: ....

8. Herido: ....

9. Voluntario: ....

10. Favorable: ....

21.6.3. Escribe los verbos derivados de las siguientes palabras.

1. Estabilidad: ....

2. Contribución: ....

3. Rendimiento: ....

4. Auxilio: ....

5. Distribución: ....

6. Independiente: ....

7. Meritorio: ....

8. Refugiado: ....

9. Difusión: ....

10. Promoción: ....

21.6.4. Completa las siguientes frases con cinco de los verbos anteriores.

1. Tenemos que dialogar a fin de que .... la situación.

2. Bajamos las escaleras a toda prisa a .... a la vecina del quinto que se había caído.

3. Cambiaron al niño de colegio para que .... más.

4. El año pasado se puso en marcha un bibliobús con el propósito de .... la lectura entre la gente del barrio.

5. Se lo dijimos a la más cotilla del bloque para que .... la noticia rápidamente.

21.7. Completa el siguiente diálogo entre una empleada de una tienda y tú.

1. **Tú:** (quieres recoger una chaqueta que dejaste encargada a la tienda para que te arreglasen las mangas).

....

....

2. **La empleada de la tienda:** Sí, debe usted hablar con la encargada.
   Tú: (preguntas por la encargada).

....

....

3. **La empleada de la tienda:** Está en el mostrador de la tercera planta [...].
   Tú: (preguntas por la encargada).

....

....

4. **La empleada de la tienda:** Sí, soy yo, ¿qué desea?
   Tú: (le das tu nombre y la explicas que quieres recoger tu chaqueta).

....

....

5. **La empleada de la tienda:** Un momento, por favor [...]. Aquí tiene su chaqueta arreglada.
   Tú: (te sorprendes, esa no es la chaqueta que encargaste).

....

....

6. **La empleada de la tienda:** Aquí está la nota con su nombre, todo está correcto.
   Tú: (aseguras que esa no es tu chaqueta, tu chaqueta era blanca y esa es gris).

....

....

7. **La empleada de la tienda:** Lo siento, pero no tenemos ningún otro encargo y aquí pone su nombre y la fecha es correcta.
   Tú: (reivindicas tu encargo, pides encarecidamente que busquen de nuevo tu chaqueta e insinúas que la gestión de la tienda es muy mala).

....

....

8. **La empleada de la tienda:** Bueno, tranquilícese señora, ha debido haber algún error y su encargo no está. Si puede venir la próxima semana lo tendremos listo para entonces.
   Tú: (te indignas ante la situación, necesitas la chaqueta para mañana. Exiges que se te devuelva el dinero).

....

....

9. **La empleada de la tienda:** Lo siento, señora, pero no es posible, tendrá que cambiarla por otra prenda.

Tú: (harta de la situación, protestas y amenazas con hablar con su superior).

....

....

La empleada de la tienda: Le repito que no podemos hacer nada, pero ahora mismo pongo a su disposición la hoja de reclamaciones para cualquier sugerencia.

21.8. **Cambia estos textos a estilo directo creando un diálogo.**

1. Carlos estaba en el cine viendo una película con su novia. El hombre que estaba sentado en la butaca delante de ellos no paraba de hacer ruido mientras comía una bolsa de palomitas. Carlos le llamó la atención educadamente para que parase de hacer ruido. El hombre se disculpó y les ofreció palomitas a Carlos y a su novia.

Inventa el diálogo que se produjo:

....

....

....

....

....

....

....

....

....

2. Josefina está invitada a una fiesta en la embajada chilena pero no quiere ir y le dice a su hermana que vaya ella en su lugar. La hermana no quiere ir tampoco pero Josefina trata de convencerla hasta que lo logra.

Inventa el diálogo que se produce:

....

....

....

....

....

....

....

....

....

RESUMEN GRAMATICAL

■ Clasificación de los sonidos del español por su situación bucal[1].

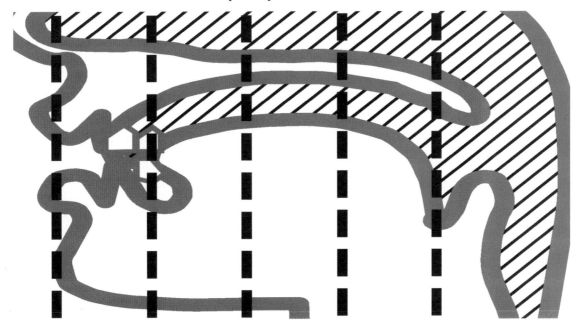

Muy anterior	Anterior	Central	Posterior	Muy posterior
b	e	a	ca	ge
v	i	ch	co	gi
ce	l	ll	cu	ja
ci	n	y	que	je
z	r	ñ	qui	ji
d	s	x	k	jo
f	t	[ks]	o	ju
m			u	
p			w	
			ga	
			gu	
			gue	
			gui	

[1] En esta clasificación no se tiene en cuenta el fenómeno del seseo (en ese caso, *ce*, *ci* y *z* irían en anterior) ni del yeísmo (la *y* y la *ll* irían a anterior o muy anterior dependiendo del grado).

■ Vocales: diptongos y triptongos

El sistema vocálico de la lengua española es muy simple, está formado por cinco vocales: *a, e, i, o, u*. No existen vocales largas y breves como en otros idiomas.

En español podemos encontrar dos vocales en una misma sílaba (diptongo) o tres (triptongo). La combinación en un diptongo es siempre de una vocal fuerte (*a, e, o*) y una débil (*i, u*) y de débil-fuerte-débil en el caso de un triptongo.

Si la fuerza de la pronunciación está en un diptongo, irá en la vocal fuerte (*a, e, o*).

• Ej.: *tiene, piano, peine*.

Si esto no es así, es necesario el acento gráfico para saber dónde poner la fuerza de la pronunciación; además, la unión de vocales se deshace formando cada una parte de una sílaba.

• Ej.: *oír, Raúl, vendía*.

Si se juntan dos vocales fuertes (*a, e, o*), pertenecen a dos sílabas.

• Ej.: *hé-ro-e, Le-ón*.

■ Consonantes

Para la pronunciación de una consonante hay que tener en cuenta básicamente lo siguiente:

• **Modo de articulación:** el aire, a la hora de pronunciar un sonido, puede verse interrumpido con más o menos fuerza, es decir, puede encontrarse con una barrera total, parcial o casi inexistente.

• **Punto de articulación:** el tipo de obstáculo con el que se puede interrumpir el paso del aire (lengua, dientes, labios...)

■ Clasificación de consonantes según el modo de articulación

La barrera que ofrece el obstáculo es total: obstáculo fuerte

b, v	p	d	t	g, gu	c, qu
barro	puente	diente	Toledo	Galicia	Cataluña
cambio	caspa	conde	alto	guitarra	queso
ventana				colgar	manco

• En posición inicial de sílaba o detrás de *n, m, s, l*.

• Cuando hablamos de *g*, nos referimos a cuando esta consonante se ve influida por las vocales *a, o, u*, o las consonantes *r, l*, así como al conjunto *gu* más las vocales *e, i*.

• Asímismo, la barrera total en la consonante *c* se realiza cuando está influida por las vocales *a, o, u*, o las consonantes *r, l*, así como también el grupo *qu* cuando le siguen las vocales *e, i*.

La barrera es parcial: obstáculo semi-fuerte

f	s	l	ll	y	i, g	c, z
feo	Santander	lunes	lluvia	yogur	juego	cien
			calle		Gerona	zorro

La barrera es casi inexistente: obstáculo débil

b	v	d	r	g	l
caballo	cava	cansado	caro	agua	cala

La barrera se realiza en dos fases, una total y otra parcial: obstáculo fuerte

ch
ocho
chisme

Clasificación de consonantes por el punto de articulación

Los labios

b	v	p	m
bici, amaba	verano, lavabo	poco, copa	martes, cama

Los labios de abajo y la punta de los dientes de arriba

f
frío, café

La lengua y el nacimiento de los dientes de arriba

t	d
taco, catorce	doce

La lengua y la punta de los dientes de arriba

c	z
cenicero, cinco	zapato, cazo

La lengua y los laterales de las muelas

s	n	-r-
siesta, casi	niño, cana	caro

La punta de la lengua y el nacimiento de los dientes de arriba

l	r-	-rr-
limón, cala	Ramón	carro

La lengua y el paladar

j, g	c	ñ	g + o, a, u	gu + e, i	ch	ll / y
jueves, coger	cuerpo, cosa	caña	gato	guisar	macho	pollo, oye

Estructura silábica del español

El patrón silábico básico del español es el formado por una consonante y una vocal (CV): *la ca-sa de Luis.*

En la lengua española el núcleo de la sílaba es siempre una vocal, sea cual sea la estructura: CV, VC, CVC, CCVC (*la, es, dos, tres*).

Acento fonético

El acento fonético en español es un acento de intensidad, en consecuencia, el acento fonético se define como la mayor fuerza acústica con que destacamos un sonido.

1. Las palabras que **_terminan en vocal, -n, -s_** tienen la fuerza de la pronunciación (acento tónico) en la penúltima sílaba (la segunda empezando por el final).

2. Las palabras que **_terminan en consonante que no es -n, -s_** tienen la fuerza de la pronunciación (acento tónico) en la última sílaba (la primera empezando por el final).

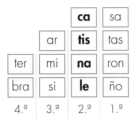

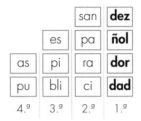

Todas las palabras que no siguen estas dos reglas llevan acento gráfico (tilde), que sirve para avisar a la persona que lee que son excepciones. *Pájaro, árbol, café...*

■ La tilde

Todas las palabras tienen un acento silábico que, a veces, se señala ortográficamente. En español el uso del acento gráfico permite diferenciar significados: *canto / cantó*. El acento ortográfico se llama *tilde* y estas son las reglas que deciden cuándo poner el acento gráfico:

1. Cuando el acento de intensidad cae en la **última sílaba** y esta sílaba acaba en vocal o en consonante **n** o **s**. *Terminó, camión, después, error, reloj.*

2. Cuando el acento de intensidad cae en la **_penúltima sílaba_** y la última sílaba acaba en vocal o consonante **n** o **s**. *Termino, cárcel, traje, lleno.*

3. Cuando el acento de intensidad cae en la **_antepenúltima sílaba_**. *Pájaro, dímelo.*

4. Cuanto el acento de intensidad cae en una sílaba anterior a la **_antepenúltima sílaba_**. *Cómpramelo, explícaselo.*

Los pronombres personales

■ Uso de los pronombres personales

Muchas veces usamos los pronombres personales para resaltar que somos nosotros mismos quienes estamos dando la opinión o para contrastarla con la de otras personas. En estos casos, el pronombre personal tiene una función enfática y de contraste:

— *Yo creo que no era así cómo se tenía que hacer, pero él opinaba que sí.*

— *Pues yo pienso que Manuel tiene razón.*

Las preposiciones

POR	PARA
1) Causa — *Lo expulsaron de clase **por** gritar.* **2) Localización espacial** — *Cada día paseo **por** el parque.* (Se refiere a un movimiento a través de un lugar) **3) Localización temporal** — *Quiere entregar el trabajo **por** Navidad.* (Expresa un tiempo aproximado) **4) Precio** — *Compramos todos estos discos **por** 20 € nada más.* **5) Cambio (uno por otro)** — *Yo no puedo ir a la reunión, irá Manuel **por** mí.* **6) Medio** — *He enviado el paquete **por** mensajero.*	**1) Finalidad** — *Han ido **para** ver el concierto.* **2) Localización espacial** — *Juan dice que va **para** la estación.* (Indica el destino) **3) Localización temporal** — *Quiere entregar el trabajo **para** Navidad.* (Expresa límite de plazo) **4) Expresar opinión** — ***Para** mí, esto es un error.* **5) Hacer comparaciones** — *Sevilla y Málaga son ciudades muy bonitas.* — *Pues **para** ciudad bonita, Barcelona.* **6) Expresar la capacidad de algo** — *Es un local **para** 200 personas.*

El sistema verbal

■ Tiempos pasados

Pretérito perfecto de indicativo

Se construye con el presente del verbo auxiliar haber, más el participio de los verbos.

	Presente verbo haber	Participio de los verbos con –ar	Participio de los verbos con –er, –ir
Yo	he		
Tú	has		
Él/ella/usted	ha	hablado	comido
Nosotros/as	hemos		vivido
Vosotros/as	habéis		
Ellos/ellas/ustedes	han		

Participios irregulares

poner ➡ puesto	hacer ➡ hecho	escribir ➡ escrito	descubrir ➡ descubierto
volver ➡ vuelto	decir ➡ dicho	abrir ➡ abierto	componer ➡ compuesto
morir ➡ muerto	romper ➡ roto	ver ➡ visto	deshacer ➡ deshecho

Pretérito indefinido de indicativo

Verbos regulares

	Verbos con –ar	Verbos con –er, –ir
Yo	viaj**é**	entend**í**
Tú	viaj**aste**	entend**iste**
Él/ella/usted	viaj**ó**	entend**ió**
Nosotros/as	viaj**amos**	entend**imos**
Vosotros/as	viaj**asteis**	entend**isteis**
Ellos/ellas/ustedes	viaj**aron**	entend**ieron**

Verbos irregulares

estar	tener	poder	poner	saber	decir	traer
estuve	tuve	pude	puse	supe	dije	traje
estuviste	tuviste	pudiste	pusiste	supiste	dijiste	trajiste
estuvo	tuvo	pudo	puso	supo	dijo	trajo
estuvimos	tuvimos	pudimos	pusimos	supimos	dijimos	trajimos
estuvisteis	tuvisteis	pudisteis	pusisteis	supisteis	dijisteis	trajisteis
estuvieron	tuvieron	pudieron	pusieron	supieron	dijeron	trajeron

ser/ir	hacer	venir	querer	dar
fui	hice	vine	quise	di
fuiste	hiciste	viniste	quisiste	diste
fue	hizo	vino	quiso	dio
fuimos	hicimos	vinimos	quisimos	dimos
fuisteis	hicisteis	vinisteis	quisisteis	disteis
fueron	hicieron	vinieron	quisieron	dieron

Verbos regulares

	Verbos con –ar	Verbos con –er, -ir
Yo	viaj**aba**	entend**ía**
Tú	viaj**abas**	entend**ías**
Él/ella/usted	viaj**aba**	entend**ía**
Nosotros/as	viaj**ábamos**	entend**íamos**
Vosotros/as	viaj**abais**	entend**íais**
Ellos/ellas/ustedes	viaj**aban**	entend**ían**

Verbos irregulares

	ser	ir	ver
	era	iba	veía
	eras	ibas	veías
	era	iba	veía
	éramos	íbamos	veíamos
	erais	ibais	veíais
	eran	iban	veían

El pretérito perfecto y el pretérito indefinido son tiempos que nos informan de acciones acabadas en el pasado. Cuando usamos el **pretérito perfecto** nos referimos a una acción acabada en un tiempo no terminado (hoy, esta mañana, en mi vida, etc.). Es además el tiempo que empleamos cuando queremos transmitir una información intemporal, por ejemplo *"He estado en París"*.

Con el **pretérito indefinido** nos referimos a acciones acabadas en un tiempo también terminado (ayer, el año pasado, en 1999, etc.). Con este tiempo nos referimos además a acciones no habituales en el pasado.

El **pretérito imperfecto** es el tiempo que empleamos para hacer una descripción en el pasado y para referirnos a acciones habituales en el pasado. Este tiempo no tiene unos "límites" temporales, es decir, es posible hacer una descripción dentro de un tiempo no terminado y también referida a un tiempo terminado.

Pretérito pluscuamperfecto

El pretérito pluscuamperfecto se forma con el pretérito imperfecto del verbo haber, más el participio de los verbos:

Yo	hab**ía**		
Tú	hab**ías**		trabajado
Él/ella/usted	hab**ía**	+	entendido
Nosotros/as	hab**íamos**		vivido
Vosotros/as	hab**íais**		
Ellos/ellas/ustedes	hab**ían**		

Las formas del participio de algunos verbos son irregulares:

morir ➡ muerto	escribir ➡ escrito
hacer ➡ hecho	ver ➡ visto
abrir ➡ abierto	romper ➡ roto
volver ➡ vuelto	decir ➡ dicho
descubrir ➡ descubierto	poner ➡ puesto

El pretérito pluscuamperfecto se usa en español principalmente para referirnos a acciones pasadas anteriores a otra acción también pasada, y puede aparecer combinado con cualquiera de los otros tiempos del pasado.

—*Esta mañana he visitado el museo, pero ya había estado antes.*

—*Ayer fui al cine, aunque ya había visto todas las películas.*

—*No sabía que habían salido tan pronto.*

El pretérito pluscuamperfecto puede usarse también en combinación con otros tiempos que se refieren al presente:

—Estoy leyendo un libro que ya había leído.

—Ahora vivo en España, pero ya había vivido aquí hace unos años.

2. Con este tiempo nos referimos también a acciones que realizamos por primera vez en el momento en que hablamos:

—¡Nunca había disfrutado tanto!

—Nunca en mi vida había tenido tantos problemas.

En ocasiones, especialmente cuando hablamos, es posible sustituir el pretérito pluscuamperfecto por el pretérito indefinido. Esto solo puede hacerse cuando la referencia a un pasado anterior está muy clara gracias a los marcadores temporales o al contexto.

—Ahora vivo en España, pero había vivido aquí hace unos años.

—Ahora vivo en España, pero viví aquí hace unos años.

■ Tiempos futuro y condicional

Futuro imperfecto		Futuro perfecto		condicional	
Verbo infinitivo + **é**		HABER + PARTICIPIO		Verbo infinitivo + **ía**	
	as	Habré			**ías**
-AR	**á**	Habrás	**-ado**	-AR	**ía**
-ER	**emos**	Habrá	+	-ER	**íamos**
-IR	**éis**	Habremos	**-ido**	-IR	**íais**
	án	Habréis			**ían**
		Habrán			

■ Usos del futuro imperfecto

1. Para hacer hipótesis (cosas que suponemos) en un tiempo presente:

   ▷ *¿Sabes dónde **está** Ana M.ª?, la **estoy llamando** al despacho y no responde.*

   ▶ *No sé, **estará** comiendo, es su hora de descanso.*

2. Para hablar de un tiempo futuro con marcadores como **mañana, el año próximo, dentro de dos días**, etc. (cuando no se trata de planes, sino de intenciones):

   — *El próximo año **iremos** de vacaciones a Australia.*

3. Para hacer predicciones (horóscopo, tiempo,...):

   — *Hoy **tendrá** un día fantástico, **conocerá** al amor de su vida.*

   — *Mañana **lloverá** en zonas de la Cornisa Cantábrica y **hará** sol el el resto de la Península.*

■ Usos del futuro perfecto

1. Lo usamos para hablar de acciones futuras que estarán terminadas en el momento futuro del que hablamos:

   — *Mañana a las once ya **habré terminado** el examen de literatura.*

   — *A final de mes Juan y María **habrán recorrido** toda Europa.*

2. También lo usamos para formular hipótesis (cosas que suponemos) sobre un tiempo pasado, pero reciente. En este caso se relaciona con el pretérito perfecto de indicativo:

   ▷ *Esta mañana **he llamado** a M.ª Luisa, pero no estaba en su casa.*

   ▶ *Pues no sé, **habrá ido** a visitar a su madre, está enferma.*

■ Usos del condicional

1. Dar consejos:

> **Yo que tú,**
>
> **Yo en tu lugar,** + condicional simple
>
> **Yo,**
>
> | | **DEBER** | |
> |---|---|---|
> | Condicional simple de | | + infinitivo |
> | | **PODER** | |

— *Yo que tú **estudiaría** más.*

— ***Deberías estudiar** más si quieres aprobar el examen.*

2. Expresar cortesía:

▷ *Hola, buenos días, ¿en qué puedo ayudarle?*

▶ *Buenos días. **Querría** información sobre Sitges.*

3. Para formular hipótesis (cosas que suponemos) en un tiempo pasado. Es este caso tiene relación con los pretéritos imperfecto e indefinido:

▷ *¿Sabes a qué hora **llegó** ayer María Luisa?*

▶ *Pues no sé, **llegaría** sobre las tres de la tarde porque cogió el tren de las dos.*

▷ *¿Sabes qué le **pasaba** ayer a Luis Miguel? **Estaba** muy raro.*

▶ *Pues no lo sé, supongo que le **dolería** la cabeza.*

4. Para expresar deseos (con valor de futuro):

— ***Desearía** comprarme un coche nuevo.*

— ***Me gustaría** ir de vacaciones a Tailandia.*

5. Para lamentarnos por algo que ha pasado en el pasado y que podíamos haber evitado, pero ahora es demasiado tarde.

> **¡Por qué** + condicional simple!
>
> Imperfecto de **TENER que** + infinitivo compuesto
>
> **Eso me/te/le... PASA por** + infinitivo compuesto

— *¡Por qué no **estudiaría** más para el examen!*

— ***Tenía que haber estudiado** más para el examen.*

— ***Eso me pasa por no haber estudiado** más para el examen.*

■ Modo imperativo: verbos regulares, reflexivos e irregulares

	Verbos con –ar		Verbos con –er		Verbos con -ir	
	afirmativo	negativo	afirmativo	negativo	afirmativo	negativo
Tú	cant**a**	no cant**es**	beb**e**	no beb**as**	abr**e**	no abr**as**
Usted	cant**e**	no cant**e**	beb**a**	no beb**a**	abr**a**	no abr**a**
Vosotros	cant**ad**	no cant**éis**	beb**ed**	no beb**áis**	abr**id**	no abr**áis**
Ustedes	cant**en**	no cant**en**	beb**an**	no beb**an**	abr**an**	no abr**an**

El pronombre de los verbos reflexivos en imperativo afirmativo aparece detrás del verbo, formando con él una sola palabra. Además la *d* de la segunda persona del plural desaparece. En el caso del imperativo negativo, los pronombres aparecen delante del verbo, formando dos palabras separadas.

Tú	dúchate	no te duch**es**
Usted	dúchese	no se duch**e**
Vosotros	duchaos	no os duch**éis**
Ustedes	dúchense	no se duch**en**

El verbo *irse* en la segunda persona del plural es una excepción. Gramaticalmente la forma correcta es *idos*. Sin embargo, la forma característica del lenguaje oral es *iros*.

Los verbos con cambios vocálicos e > ie, o > ue, conservan su irregularidad en el imperativo.

Tú	p**ie**nsa	no p**ie**nses	c**ue**nta	no c**ue**ntes
Usted	p**ie**nse	no p**ie**nse	c**ue**nte	no c**ue**nte
Vosotros	p**e**nsad	no p**e**nséis	c**o**ntad	no c**o**ntéis
Ustedes	p**ie**nsen	no p**ie**nsen	c**ue**nten	no c**ue**nten

Los verbos con cambio vocálico e > i mantienen la irregularidad en todas las personas del imperativo negativo.

Tú	s**i**rve	no s**i**rvas
Usted	s**i**rva	no s**i**rva
Vosotros	s**e**rvid	no s**i**rváis
Ustedes	s**i**rvan	no s**i**rvan

En el caso de los verbos *dormir* y *morir*, la vocal o cambia a u en la segunda persona del plural del imperativo negativo:

Tú	d**ue**rme	no d**ue**rmas
Usted	d**ue**rma	no d**ue**rma
Vosotros	d**o**rmid	no d**u**rmáis
Ustedes	d**ue**rman	no d**ue**rman

Conducir			**Estar**		
	afirmativo	negativo		afirmativo	negativo
Tú	conduce	no conduzcas	Tú	está	no estés
Usted	conduzca	no conduzca	Usted	esté	no esté
Vosotros	conducid	no conduzcáis	Vosotros	estad	no estéis
Ustedes	conduzcan	no conduzcan	Ustedes	estén	no estén

Hacer			**Ir**		
	afirmativo	negativo		afirmativo	negativo
Tú	haz	no hagas	Tú	ve	no vayas
Usted	haga	no haga	Usted	vaya	no vaya
Vosotros	haced	no hagáis	Vosotros	id	no vayáis
Ustedes	hagan	no hagan	Ustedes	vayan	no vayan

	Poner			Salir	
	afirmativo	**negativo**		**afirmativo**	**negativo**
Tú	pon	no pongas	Tú	sal	no salgas
Usted	ponga	no ponga	Usted	salga	no salga
Vosotros	poned	no pongáis	Vosotros	salid	no salgáis
Ustedes	pongan	no pongan	Ustedes	salgan	no salgan

	Ser			Tener	
	afirmativo	**negativo**		**afirmativo**	**negativo**
Tú	sé	no seas	Tú	ten	no tengas
Usted	sea	no sea	Usted	tenga	no tenga
Vosotros	sed	no seáis	Vosotros	tened	no tengáis
Ustedes	sean	no sean	Ustedes	tengan	no tengan

	Venir		Decir		Oír	
	afirmativo	**negativo**	**afirmativo**	**negativo**	**afirmativo**	**negativo**
Tú	ven	no vengas	di	no digas	oye	no oigas
Usted	venga	no venga	diga	no diga	oiga	no oiga
Vosotros	venid	no vengáis	decid	no digáis	oíd	no oigáis
Ustedes	vengan	no vengan	digan	no digan	oigan	no oigan

Existen además algunos verbos que son regulares, pero que tienen un cambio ortográfico:

Verbos que terminan en –car

	Tocar	
	afirmativo	**negativo**
Tú	toca	no toques
Usted	toque	no toque
Vosotros	tocad	no toquéis
Ustedes	toquen	no toquen

Verbos que terminan en –gar

	Pagar	
	afirmativo	**negativo**
Tú	paga	no pagues
Usted	pague	no pague
Vosotros	pagad	no paguéis
Ustedes	paguen	no pague

• Usamos el imperativo para expresar órdenes, consejos o recomendaciones y dar instrucciones:

Orden: —*Levántate ahora mismo!*   Consejo: —*Habla con él.*

Instrucciones: *Introduzca su contraseña.*

• En ocasiones el imperativo puede resultar demasiado brusco, y por ello, los hablantes usamos otras formas más corteses:

Orden: —*¿Te importa levantarte?*   Consejo: —*Deberías hablar con él.*

• Es muy habitual usar el imperativo acompañado de pronombres personales. Cuando el verbo en imperativo aparece acompañado de un pronombre de objeto directo (O.D.), el pronombre se coloca detrás formando una sola palabra en su forma afirmativa, y delante en forma negativa:

Termina la comida.   ➔   *termínala.*   ;   *no la termines.*
    O.D.   O.D.   O.D.

Sucede lo mismo con los pronombres de objeto indirecto (O.I.):

Pregunta al profesor.   ➔   *pregúntale.*   ;   *no le preguntes.*
    O.I.   O.I.   O.I.

- Cuando un verbo en imperativo aparece acompañado de los dos pronombres, el orden de los pronombres aparece invertido; primero el O.I. y después el O.D. Si además el O.I es la tercera persona *le* o *les*, se sustituye por *se*.

Explica <u>la lección</u> <u>a mí</u>.	➡	*explíca<u>mela</u>.*	; *no <u>me</u> <u>la</u> expliques.*
O.D. O.I.		O.I. O.D.	O.I. O.D.
Da <u>el caramelo</u> <u>al niño</u>.	➡	*dá<u>selo</u>.*	; *no <u>se</u> <u>lo</u> des.*
O.D. O.I.		O.I. O.D.	O.D. O.I.

■ Modo subjuntivo

Presente de subjuntivo: verbos regulares e irregulares

En presente de subjuntivo, los verbos terminados en –ar se forman con la terminación –e, y los verbos que terminan en –er o –ir se forman con la terminación –a.

	Trabajar	Comprender	Asistir
Yo	trabaj**e**	comprend**a**	asist**a**
Tú	trabaj**es**	comprend**as**	asist**as**
Él/ella/usted	trabaj**e**	comprend**a**	asist**a**
Nosotros/as	trabaj**emos**	comprend**amos**	asist**amos**
Vosotros/as	trabaj**éis**	comprend**áis**	asist**áis**
Ellos/ellas/ustedes	trabaj**en**	comprend**an**	asist**an**

Verbos con irregularidad vocálica: los verbos con irregularidad vocálica en presente de indicativo, conservan dicha irregularidad en el presente de subjuntivo.

	e > ie	o > ue	e > i	u > ue
Yo	ent**ie**nda	enc**ue**ntre	v**i**sta	j**ue**gue
Tú	ent**ie**ndas	enc**ue**ntres	v**i**stas	j**ue**gues
Él/ella/usted	ent**ie**nda	enc**ue**ntre	v**i**sta	j**ue**gue
Nosotros/as	ent**e**ndamos	enc**o**ntremos	v**i**stamos	j**u**guemos
Vosotros/as	ent**e**ndáis	enc**o**ntréis	v**i**stáis	j**u**guéis
Ellos/ellas/ustedes	ent**ie**ndan	enc**ue**ntren	v**i**stan	j**ue**guen

Los verbos **dormir** y **morir** conservan su irregularidad en todas las personas del presente de subjuntivo:

Yo	d**ue**rma	m**ue**ra
Tú	d**ue**rmas	m**ue**ras
Él/ella/usted	d**ue**rma	m**ue**ra
Nosotros/as	d**u**rmamos	m**u**ramos
Vosotros/as	d**u**rmáis	m**u**ráis
Ellos/ellas/ustedes	d**ue**rman	m**ue**ran

Verbos con irregularidad consonántica: los verbos que son irregulares en la primera persona del singular del presente de indicativo, mantienen dicha irregularidad en todas las personas del subjuntivo.

salgo ➡ salga	hago ➡ haga	vengo ➡ venga	tengo ➡ tenga
salgas	hagas	vengas	tengas
salga	haga	venga	tenga
salgamos	hagamos	vengamos	tengamos
salgáis	hagáis	vengáis	tengáis
salgan	hagan	vengan	tengan

traigo → traiga	digo → diga	conozco → conozca	destruyo → destruya
traigas	digas	conozcas	destruyas
traiga	diga	conozca	destruya
traigamos	digamos	conozcamos	destruyamos
traigáis	digáis	conozcáis	destruyáis
traigan	digan	conozcan	destruyan

oigo → oiga	pongo → ponga	valgo → valga
oigas	pongas	valgas
oiga	ponga	valga
oigamos	pongamos	valgamos
oigáis	pongáis	valgáis
oigan	pongan	valgan

Otros verbos irregulares

	ir	ser	estar	saber
Yo	vaya	sea	esté	sepa
Tú	vayas	seas	estés	sepas
Él/ella/usted	vaya	sea	esté	sepa
Nosotros/as	vayamos	seamos	estemos	sepamos
Vosotros/as	vayáis	seáis	estéis	sepáis
Ellos/ellas/ustedes	vayan	sean	estén	sepan

	ver	haber	dar
Yo	vea	haya	dé
Tú	veas	hayas	des
Él/ella/usted	vea	haya	dé
Nosotros/as	veamos	hayamos	demos
Vosotros/as	veáis	hayáis	deis
Ellos/ellas/ustedes	vean	hayan	den

■ Usos del presente de subjuntivo

1. Expresar deseos: en español podemos expresar un deseo usando la siguiente estructura:

desear / querer / necesitar / preferir / esperar + infinitivo

En este caso, las oraciones tienen un único sujeto:

(Yo)　　　　　*quiero comprar un coche nuevo.*

(Nosotros)　　*esperamos ir de vacaciones muy pronto.*

(Vosotros)　　*necesitáis estudiar más.*

2. En ocasiones queremos expresar un deseo hacia otras personas. En este caso usamos la estructura:

desear / querer / necesitar / preferir / esperar + que + subjuntivo

El segundo verbo aparece obligatoriamente en subjuntivo:

— *(Yo) quiero que* (tú) *compres un coche nuevo.*

— *(Nosotros) esperamos que* (ellos) *vayan pronto de vacaciones.*

— *(Vosotros) necesitáis que* (yo) *estudie más.*

3. El presente de subjuntivo, además de su valor como presente, sirve en español para expresar una idea de futuro:

– *Espero que mañana vengas a mi fiesta.*

– *Preferimos que vosotros compréis las entradas esta tarde.*

4. Con el subjuntivo no expresamos únicamente un deseo; también es posible dar órdenes, consejos o recomendaciones, peticiones, y conceder o negar permiso. Los verbos que podemos usar en este caso son ordenar, mandar, aconsejar, recomendar, pedir, permitir, prohibir, etc.

Tienen la misma regla que los verbos de deseo: cuando solo hay un sujeto, el segundo verbo aparece en infinitivo pero si tenemos dos sujetos diferentes, el segundo verbo aparece en subjuntivo:

– *Mi madre me ha ordenado que limpie mi habitación todos los días.*

– *Te aconsejo que te levantes un poco antes para no llegar siempre tarde.*

– *Les recomiendo que prueben el salmón.*

– *Ellos nos han pedido que les expliquemos el uso del subjuntivo.*

– *Mis padres no me permiten que llegue a casa más tarde de la una.*

– *Los médicos me han prohibido que coma chocolate.*

Pretérito perfecto de subjuntivo: verbos regulares e irregulares

Se construye con el presente de subjuntivo del verbo auxiliar haber, más el participio pasado de los verbos.

	Presente de subjuntivo del verbo **haber**	Participio de los verbos con **–ar**	Participio de los verbos con **–er, –ir**
Yo	**haya**		
Tú	**hayas**		
Él/ella/usted	**haya**	habl-**ado**	com-**ido**, viv-**ido**
Nosotros/as	**hayamos**		
Vosotros/as	**hayáis**		
Ellos/ellas/ustedes	**hayan**		

Participios irregulares

–TO			–CHO	
poner ➡ **puesto**	descubrir ➡ **descubierto**		hacer ➡ **hecho**	
volver ➡ **vuelto**	componer ➡ **compuesto**		decir ➡ **dicho**	
abrir ➡ **abierto**	morir ➡ **muerto**		deshacer ➡ **deshecho**	
escribir ➡ **escrito**	romper ➡ **roto**			
ver ➡ **visto**				

■ Usos del pretérito perfecto de subjuntivo

El pretérito perfecto de subjuntivo es un tiempo compuesto en el que el participio pasado expresa una acción anterior al momento al que se refiere el hablante:

▷ *¿Ha llegado Fernando?*

▶ *Sí, ha llegado esta mañana.*

▷ *Espero que haya llegado bien.*

Como vemos en el ejemplo anterior, el pretérito perfecto de subjuntivo tiene los mismos valores que el pretérito perfecto de indicativo. Así, cuando el verbo de la oración principal exija la presencia de subjuntivo en la oración subordinada, el verbo lo pondremos en pretérito perfecto.

Pretérito imperfecto de subjuntivo: verbos regulares e irregulares

-ar	-er	-ir
habl**ara** o habl**ase**	com**iera** o com**iese**	escrib**iera** o escrib**iese**
habl**aras** o habl**ases**	com**ieras** o com**ieses**	escrib**ieras** o escrib**ieses**
habl**ara** o habl**ase**	com**iera** o com**iese**	escrib**iera** o escrib**iese**
habl**áramos** o habl**ásemos**	com**iéramos** o com**iésemos**	escrib**iéramos** o escrib**iésemos**
habl**arais** o habl**aseis**	com**ierais** o com**ieseis**	escrib**ierais** o escrib**ieseis**
habl**aran** o habl**asen**	com**ieran** o com**iesen**	escrib**ieran** o escrib**iesen**

Verbos irregulares

Se forman a partir de la 3.ª persona del singular del pretérito indefinido:

- **Andar** ➡ anduv**o** ➡ anduv**iera** o anduv**iese**
- **Hacer** ➡ hiz**o** ➡ hic**iera** o hic**iese**
- **Dormir** ➡ durm**ió** ➡ durm**iera** o durm**iese**

Excepciones:

- Los verbos que tienen **-y-** o **-j-** en la 3.ª persona del singular del pretérito indefinido añaden las terminaciones **-era/ese** en lugar de **-iera/iese**.

  Construir ➡ construy**ó** ➡ construy**era** o construy**ese**

  Decir ➡ dij**o** ➡ dij**era** o dij**ese**

- Los verbos **ser** e **ir** también forman el pretérito imperfecto de subjuntivo con la terminación **-era/ese**.

  Ser ➡ fu**e** ➡ fu**era** o fu**ese**

  Ir ➡ fu**e** ➡ fu**era** o fu**ese**

- El pretérito imperfecto de subjuntivo tiene dos terminaciones sin ningún cambio de significado. Sin embargo, es más habitual el uso de la terminación con **-ara/-iera** (hablara/comiera).

- El pretérito imperfecto de subjuntivo aparece en correlación con los tiempos del pasado de indicativo y el condicional. Puede expresar presente, pasado y futuro dependiendo del valor temporal de la información que transmite:

  – *Me aconsejó que saliera a tomar un poco de aire.* (pasado)
  – *Me dijo que volviera mañana.* (futuro)
  – *Me gustaría que escucharas esta canción ahora.* (presente)

Pretérito pluscuamperfecto de subjuntivo: verbos regulares e irregulares

	Pretérito imperfecto de subjuntivo del verbo haber	Participio de los verbos con -ar	Participio de los verbos con -er, -ir
Yo	hubiera o hubiese		
Tú	hubieras o hubieses		
Él/ella/usted	hubiera o hubiese	hablado	comido/vivido
Nosotros/as	hubiéramos o hubiésemos		
Vosotros/as	hubierais o hubieseis		
Ellos/ellas/ustedes	hubieran o hubiesen		

Participios irregulares

poner ➡ puesto	hacer ➡ hecho	escribir ➡ escrito	descubrir ➡ descubierto
volver ➡ vuelto	decir ➡ dicho	abrir ➡ abierto	componer ➡ compuesto
morir ➡ muerto	romper ➡ roto	ver ➡ visto	deshacer ➡ deshecho

El pretérito pluscuamperfecto de subjuntivo aparece en correlación con los tiempos pasados de indicativo, el condicional simple y el condicional compuesto, para expresar enunciados que hacen referencia a un pasado anterior a una acción que ocurre en un momento posterior, tal y como funciona el pretérito pluscuamperfecto de indicativo.

  - *Creía que ya te habías mudado de casa.*

  - *No creía que ya te hubieras mudado de casa.*

  - *Pensé que ya te habrías casado.*

  - *No pensé que ya te hubieras casado.*

  - *Si hubieras venido conmigo, te habría presentado a mi amigo*

■ **Usos generales**

Ser	Estar
1. Nacionalidad. — *Roberto **es** italiano.*	**1.** Expresar estados físicos o emocionales con carácter temporal, provocados por un cambio. — *Juan **está** triste, su novia lo ha dejado.* — *Marisol **está** enferma, se ha pasado toda la noche tosiendo.* — *La ventana **está** rota.*
2. Procedencia. — *Las naranjas **son** de Valencia.*	
3. Identificar a una persona o cosa. — *Este **es** Roberto.* — *Esta **es** la nueva alumna.*	
4. Describir personas y cosas. — *Pedro **es** alto y simpático.* — *La mochila **es** azul y grande.*	**2.** Profesión (con carácter temporal). — *Felipe **está** de portero en un hotel mientras termina de estudiar.*
5. Materia. — *El pantalón **es** de algodón.*	**3.** Precio variable. — *La vivienda **está** muy cara últimamente.* ▷ *¿A cuánto **está** el salmón?* ▶ *Hoy **está** a 14 € el kilo.*
6. Posesión. — *La carpeta pequeña **es** mía.* — *El coche **es** de Juan.*	
7. Profesión (con carácter permanente). — *Ángel **es** arquitecto.* — *José Manuel **es** el jefe del departamento de ventas.*	**4.** Localización en el espacio y en el tiempo. — *La botella **está** sobre la Mesa.* — *Cadaqués **está** en la costa Mediterránea.* ▷ *¿A cuánto estamos?* ▶ *Hoy **estamos a** 25 de mayo.*
8. Fecha. — *Hoy **es** jueves.* — *Mi cumpleaños **es** mañana.*	
9. Hora. — ***Son** las cuatro de la tarde.* — *La fiesta **es** a las tres.*	**5.** Hacer valoraciones: ***estar + bien/mal/claro*** — ***Está bien** que digas la verdad.* — ***Está claro** que no tienes razón.*
10. Precio (para preguntar y decir el precio total). ▷ *¿Cuánto **es** todo?* ▶ ***Son** 12 €.*	**6.** Expresar acciones en proceso: ***estar** + gerundio* — *M.ª Luisa **está hablando** por teléfono desde hace una hora.*
11. Lugar de celebración de un evento. — *La conferencia **es** en el aula magna.*	**7.** Descripción subjetiva del aspecto de una persona o cosa. — *José Antonio **está** muy viejo para la edad que tiene, ¿no crees?*
12. Hacer valoraciones: ***ser** + adjetivo* — ***Es** importante que vayas a la reunión.*	
13. Expresar cantidad (con demasiado, poco, mucho, bastante...). — *Esta habitación es demasiado pequeña.* — *Es un poco joven para este trabajo.*	

■ **Ser/estar + adjetivos**

Podemos hacer dos grupos, según el significado que adquiere el adjetivo al ir con **ser** o con **estar**:

1. El adjetivo **no cambia** de significado, pero recibe un matiz de carácter **permanente** con el verbo SER y de **temporal** con el verbo ESTAR.

Son adjetivos que normalmente hacen referencia al carácter de la persona: simpático/a, amable, sincero/a, trabajador/a, abierto/a, extrovertido/a, introvertido/a, callado/a,...

- Característica permanente:

    *Manolo **es** muy generoso, siempre trae regalos para todos.*

- Característica temporal:

    *Manolo **está** muy generoso desde que le han subido el sueldo.*

Adjetivos	Ser	Estar
verde	**Ser ecologista** o de **color verde.** — *Juan **es** verde (es ecologista).* — *El coche **es** verde (de color verde).*	**No estar preparado o tener poca experiencia.** — *Mi profesor dice que no me presente al examen, que **estoy** un poco verde todavía.*
negro	**Color negro.** — *La camisa **es** negra.*	**Estar enfadado.** — *Manolo **está** negro. En una semana ha pinchado tres ruedas del coche.*
listo	**Inteligente.** — *Mi hijo **es** muy listo, lo ha aprobado todo con matrícula de honor.*	**Estar preparado.** — *Marisol no **está** lista, aún tiene que vestirse.*
atento	**Amable.** — *José Luis **es** muy atento, siempre que viene trae un ramo de flores.*	**Prestar atención.** — *José Luis nunca **está** atento y tengo que explicarle las cosas varias veces.*
católico	**Religión.** — *Francisco **es** católico, va a misa todos los domingos.*	**No estar bien.** — *Hoy Francisco no **está** muy católico, todo le sale mal.*
bueno	**Persona bondadosa.** **Producto de buena calidad.** — *Pedro **es** un chico muy bueno, siempre ayuda a sus padres.* — *Este vino de Rioja **es** muy bueno.*	**Bien de salud.** **Persona atractiva.** **Producto con buen sabor.** — *Pepe ha estado muy enfermo, pero ya **está** bueno, mañana viene a trabajar.* — *¿Has visto al chico nuevo? ¡**Está** buenísimo! Es alto, moreno y además simpático.*
malo	**Persona con maldad.** **Producto de mala calidad.** — *Felipe **es** malo de verdad. El otro día se enfadó con Antonio y le pinchó las cuatro ruedas.* — *Este vino **es** malísimo, no sé cómo te lo puedes beber.*	**Enfermo.** **Alimento con mal sabor.** — *Felipe **está** todavía malo, no puede moverse porque se marea.* — *Esta paella **está** mala, creo que el marisco no es de hoy.*
despierto	**Persona rápida en aprender.** — *Pablito **es** un niño muy despierto, solo tiene cuatro años y ya sabe leer.*	**No dormido.** — *Puedes llamarme aunque sea tarde. A las doce de la noche aún **estoy** despierto.*
orgulloso	**Arrogante, soberbio.** — *José Luis **es** muy orgulloso, no pide nunca un favor a nadie.*	**Contento, satisfecho.** — *Los Martínez **están** muy orgullosos de su hijo. Ha estudiado toda la carrera de arquitectura con beca.*

PRISMA DE EJERCICIOS. RESUMEN GRAMATICAL

■ Expresiones idiomáticas con *ser* y *estar*

Ser
Ser uña y carne: estar muy unidos.
Ser un carroza: tener una actitud o mentalidad anticuada.
Ser un fresco: persona que actúa de forma egoísta.
Ser un aguafiestas: persona que fastidia cualquier plan, fiesta, situación... con su actitud negativa.

Estar
Estar pez (en algún tema): no saber nada.
Estar como un palillo: estar muy delgado.
Estar hecho polvo: estar muy cansado.
Estar sin blanca: no tener dinero.
Estar trompa: estar borracho.
Estar como pez en el agua: estar muy cómodo.

■ La voz pasiva

Cuando el interés principal del hablante se fija en el complemento y no en el sujeto de la acción, la oración se construye con el verbo en voz pasiva. Hay dos estructuras:

Ser + participio

• El complemento directo de la oración pasa a ser sujeto paciente de la oración pasiva. El verbo en pasiva se construye con el verbo *ser* y el participio del verbo que concuerda con el sujeto paciente en género y número. El sujeto de la oración activa pasa a ser complemento agente, precedido por la preposición *por*.

> – *Carlos Saura dirigió la película.* ➡ *La película fue dirigida por Carlos Saura.*

• El uso de la pasiva con ser no es muy frecuente en español. La encontramos preferentemente en artículos periodísticos, lenguaje judicial, es decir, en textos formales o discursos.

• Se llama pasiva de proceso.

Estar + participio

• Se llama también pasiva de resultado, ya que informa del resultado final sin interesarnos por el proceso. El complemento directo también pasa a ser sujeto de la oración pasiva y el complemento agente no es necesario y generalmente no aparece.

> – *Las camas ya están hechas.*

■ *Parecer (se)*

El verbo *parecer (se)* debe su importancia a la frecuencia de uso en la lengua española, ya que posee la capacidad de englobar distintos significados, y por ello, utilizarse de acuerdo con varias funciones.

Forma	Uso

• Verbo irregular (-cz-).
En pasado tiende a usarse en imperfecto.
  – *parezco, pareces, parece, parecemos...*
  – *parecía, parecías, parecía, parecíamos...*
	• Para hablar de apariencias:
	  – *Mi abuelo parece cansado.*
	  – *Mar parece estar muy triste últimamente.*

• Como forma reflexiva.
En pasado tiende a usarse en imperfecto.
  – *me parezco, te pareces, se parece, nos parecemos...*
	• Para hablar de parecidos entre cosas y personas:
	  – *Esta camiseta se parece mucho a una que tuve cuando era pequeña.*
	  – *Mi primo y yo nos parecemos muchísimo.*

- Al preguntar: siguiendo el patrón del verbo *gustar*.

  – *me, te, le, nos, os, les + parece + nombre* singular
  – *me, te, le, nos, os, les + parecen + nombre* plural

- Al responder: el verbo *parecer*, en tercera persona del singular, va seguido de la partícula *que* + verbo singular o plural.

- Siguiendo el patrón del verbo *gustar*, pero con adjetivos de valoración o cualidad.

  – *me, te, le, nos, os, les + parece* + adjetivo singular
  – *me, te, le, nos, os, les + parecen* + adjetivo plural

- Aunque también existe la posibilidad de que el verbo *(me parece/parecen)* vaya acompañado de: adjetivo (singular/plural) o adverbio + *que* + subjuntivo.

- Para pedir o dar opiniones:

  ▷ *¿Qué te parece la última película de Almodóvar?*
  ▶ *Me parece que es demasiado extravagante.*

- Para valorar cosas o a personas:

  – *Esos chicos me parecen interesantes.*
  – *A Juan le parece increíble que vayamos a conocer a una estrella de cine.*
  – *Me parece muy bien que vayas al gimnasio tanto.*

Verbos de cambio de estado

■ Verbos de cambio de estado

1. **Ponerse** + adjetivos/adjetivos de color: expresa un cambio no definitivo y accidental en el aspecto físico o estado de animo. La evolución suele ir hacia lo positivo.

   – *Se puso muy triste con la noticia ya que no podía hacer nada.*

2. **Volverse** + adjetivo/un, una + sustantivo + adjetivo: expresa un cambio rápido y a veces bastante duradero. La evolución suele ir hacia lo negativo.

   – *En estos últimos años Javier se ha vuelto un poco estúpido.*

3. **Convertirse en** + sustantivo: expresa un cambio bastante radical, inesperado, con carácter definitivo. Representa una transformación importante, a veces no querida expresamente por el sujeto, sino por las circunstancias.

   – *El príncipe se convirtió en rana por la maldición de la bruja.*

4. **Hacerse** + sustantivo/adjetivo relacionado con profesión (de prestigio), ideología, religión, nacionalidad: es un cambio visto más duradero y voluntario.

   – *La hija de la vecina se hizo monja en 1977.*

5. **Llegar a ser** + sustantivo /adjetivo: cambio gradual, producto de un proceso, socialmente positivo. Implica esfuerzo y lentitud.

   – *Vicente llegó a ser un gran pintor.*

6. **Quedarse/acabar** + adjetivo: expresa un cambio de estado resultado o provocado por una acción o situación anterior.

   – *Se quedó estupefacto después de ver aquella fotografía.*

7. **Terminar/acabar** + gerundio: cambio gradual socialmente negativo.

   – *Terminó ganándose la vida con oscuros negocios.*

Conjunciones y oraciones subordinadas

Subjuntivo independiente (V1)

Llamamos enunciados de "subjuntivo independiente" a aquellas oraciones simples en las que el verbo va en subjuntivo sin depender de la regencia o influencia de un verbo anterior en indicativo. Estos enunciados suelen organizarse de la siguiente manera:

→ Deseo:

- *Ojalá acabes pronto*
- *Ojalá acabaras pronto*
- *Ojalá hubieras acabado antes*
- *Que te mejores*
- *Que tengas un buen viaje*

Ojalá + **verbo** (presente o pasado subjuntivo)
Que + **verbo** (presente subjuntivo)

→ Probabilidad

- *Tal vez venga / viene en tren en lugar de en avión*
- *Quizá(s) sea /es demasiado tarde*

El empleo de indicativo o subjuntivo depende de la actitud del hablante.

Como excepción a esta regla encontramos el uso de *A lo mejor* siempre con indicativo. Ejemplo: *A lo mejor me marcho a casa antes de lo que pensaba.*

Oraciones subordinadas sustantivas: El subjuntivo "sentimental" (V1 - que - V2)

Llamamos enunciados de "subjuntivo sentimental" a aquellas oraciones compuestas por un verbo (1) principal en modo indicativo y un segundo verbo (2) en subjuntivo motivado por la influencia del significado del primer verbo. Estos enunciados suelen organizarse de la siguiente manera:

V1 → Verbo principal en indicativo cuyo significado nos permite expresar algún tipo de sentimiento (duda, inseguridad, pena, alegría, etc.) gracias al cual realizamos un juicio de valor ante un enunciado que ha sido presentado con anterioridad o bien forma parte del conocimiento declarativo compartido por los interlocutores.

que → Es un elemento que sirve de nexo o unión entre dos enunciados que tienen diferente sujeto. Lo empleamos si y solo si se expresa la influencia sobre un nuevo sujeto gramatical de manera no necesariamente explícita.

V2 → Verbo secundario en la medida en que comunica un significado necesario e imprescindible para completar el significado del verbo (1), de ahí que vaya en subjuntivo o en infinitivo.

■ **Oraciones subordinadas sustantivas: V1 + V2 infinitivo (S1 = S2)**

En este grupo se encuentran todas aquellas expresiones que nos ayudaban a expresar sentimientos en los niveles de *Prisma. Nivel inicial: A1/A2.*

- Quiero ir a la playa contigo.

- Necesito cambiar dinero en algún banco.

- Lamento no tener tiempo para escucharte.

- Es importante hablar con él antes de hacer nada.

- Me gusta cocinar.

■ **Oraciones subordinadas sustantivas: V1 expresión de opinión + que + V2 indic./subj. (S1 ≠ S2)**

Hay valores como expresar una opinión, expresar certeza, seguridad, constatación que por su significado requieren de verbos cuyo significado se completa con expresiones en modo indicativo, pues en propiedad no son sentimientos sino pensamientos. Veamos algunos ejemplos:

- Dar una opinión

1. Cuando la oración es afirmativa:

Creo/Pienso/Supongo/Entiendo/Me parece/etc. + que + la opinión en indicativo

— **Creo que** *la última película de Penélope Cruz no* **es** *demasiado buena.*

— **Me parece que** *la educación pública en España* **ha mejorado** *últimamente.*

— **Entiendo que** *lo que estás diciendo* **es** *para defender a Margarita.*

En mi opinión/A mi modo de ver/Para mí/etc. + la opinión en indicativo

— **Para mí,** *Antonio y Lola* **cometen** *un error casándose tan jóvenes.*

— **A mi modo de ver,** *el último artículo de Montero* **es** *un acierto total.*

— **En mi opinión,** *los programas televisivos no siempre* **son** *educativos.*

La opinión en indicativo + en mi opinión, por lo menos/vamos, creo yo/al menos para mí/etc.

— *La última película de Saura* **es** *fantástica,* **al menos para mí.**

— *El libro que estás leyendo* **es** *aburridísimo,* **vamos, creo yo.**

2. Cuando la oración es negativa:

No + creo/pienso/entiendo/me parece/etc. + que + la opinión en subjuntivo

No { creo / entiendo / me parece } *que* { *Felipe venga a la fiesta, está muy enfadado.* / *estés haciendo esto por amor.* / *tengas razón en lo que has dicho.* }

Cuando se produce la negación de estos verbos (V1) se está declarando la duda o sospecha con respecto a una información realizada con anterioridad o compartida, al ser esperable, por los interlocutores. Esta negación sí connota la expresión de un juicio de valor y ese valor hace que el V2 vaya en subjuntivo, al ser ese significado sobre el que se duda o se está en desacuerdo.

Con los verbos ser y estar sucede lo mismo. Curiosamente, estos verbos carecen de significado léxico y por ello necesitan de un adjetivo que les llene de contenido. Dependiendo del significado del adjetivo que acompaña a los verbos tendremos o no un verbo "sentimental". Ahora, podemos ver el comportamiento de los adjetivos de certeza cuando con los verbos ser y estar forman estructuras complejas *V1 + que + V2*

Ser	+	adjetivo de certeza	+	que	+	indicativo
Estar	+	adjetivo de certeza	+	que	+	indicativo

Utilizamos estas estructuras con oraciones afirmativas.

Los adjetivos que vamos a emplear con **ser** son: *evidente, obvio, verdad, indudable, cierto, etc.*

Con **estar** solo vamos a utilizar *claro.*

Es $\begin{cases} \textbf{\textit{cierto}} \\ \textbf{\textit{indiscutible}} \\ \textbf{\textit{verdad}} \\ \textbf{\textit{evidente}} \end{cases}$ **que** $\begin{cases} \textit{mucha gente } \textbf{\textit{va}} \textit{ a las rebajas.} \\ \textit{se } \textbf{\textit{está}} \textit{ produciendo un cambio climático.} \\ \textit{la guerra } \textbf{\textit{es}} \textit{ un gran error.} \\ \textit{Félix } \textbf{\textit{dice}} \textit{ muchas mentiras.} \end{cases}$

Está $\{$ **claro** $\}$ **que** $\{$ *hoy no* **viene** *Ana a trabajar, ya son las diez.*

Como podemos observar en estos ejemplos, al igual que con los verbos de opinión, los verbos *ser* y *estar* acompañados de adjetivos de certeza no implican que el significado del V2 vaya en subjuntivo. Sin embargo, en estos casos que vemos a continuación:

No	ser	+	adjetivo de certeza	+	que	+	subjuntivo
	estar	+	adjetivo de certeza	+	que	+	subjuntivo

Utilizamos estas estructuras con oraciones negativas.

No $\begin{cases} \textbf{\textit{es}} \begin{cases} \textbf{\textit{cierto}} \\ \textbf{\textit{discutible}} \\ \textbf{\textit{verdad}} \\ \textbf{\textit{evidente}} \end{cases} \textbf{\textit{que}} \begin{cases} \textit{mucha gente } \textbf{\textit{vaya}} \textit{ a las rebajas.} \\ \textit{se } \textbf{\textit{esté}} \textit{ produciendo un cambio climático.} \\ \textit{el gobierno } \textbf{\textit{tenga}} \textit{ razón sobre este tema.} \\ \textit{Félix } \textbf{\textit{diga}} \textit{ muchas mentiras.} \end{cases} \\ \textbf{\textit{está}} \{ \textbf{\textit{claro}} \} \textbf{\textit{que}} \{ \textit{hoy no } \textbf{\textit{venga}} \textit{ Ana a trabajar, no son las diez.} \end{cases}$

La modalización del adverbio negativo (No) hace que se discuta y se dude de la veracidad de los enunciados anteriores o compartidos por los interlocutores, así es como aparece nuevamente el "significado sentimental".

■ **Oraciones subordinadas sustantivas: V1 + que + V2 subjuntivo (S1 ≠ S2)**

En este grupo se encuentran todas aquellas expresiones que nos ayudan a expresar estos juicios de valor con expresiones lingüísticas más complejas, algunas de ellas ya las introdujimos en Prisma Fusión. Nivel inicial: A1 y A2:

- *(Yo) Quiero que (tú) vayas a la playa conmigo.*
- *(Yo) Necesito que (alguien) me cambie el dinero en algún banco.*
- *(Yo) Lamento que (tú) no tengas tiempo para escucharme.*
- *(A mí) Me gusta que (tú) me cocines.*

En este sentido son muchos los verbos que por su significado y estructura permiten el uso de estos esquemas para expresar tantos juicios de valor como sean posibles:

■ Reaccionar ante algún suceso

Ante un suceso, el hablante puede reaccionar expresando sus sentimientos de diferentes formas: sorpresa, extrañeza, deseo, lamentación, alegría, etc. Todas estas expresiones de sentimiento tienen la misma estructura:

Expresión de sentimiento   +   que   +   subjuntivo

↓

*Me extraña / Me sorprende / Me gusta / Me alegra / Siento / Lamento /
Me indigna / Me molesta...*

> ¡Ojo! Cuando en la oración hay dos sujetos diferentes, usamos:
> verbo de sentimiento + que + subjuntivo;
> cuando el verbo es el mismo:
> verbo de sentimiento + infinitivo.
> — *Me gusta mucho vivir aquí.*

¡Qué   +   sustantivo / adjetivo / adverbio   +   que   +   subjuntivo!

↓

raro / extraño / bien / mal / sorpresa / alegría...

Me parece   +   sustantivo / adjetivo / adverbio   +   que   +   subjuntivo

↓

raro / extraño / mal / una tontería / increíble...

Oraciones subordinadas adjetivas y adverbiales: El subjuntivo "sintáctico"

Llamamos enunciados de "subjuntivo sintáctico" a aquellas oraciones compuestas introducidas por un elemento de la lengua (conjunción) que expresa una noción como por ejemplo: tiempo, condición, causalidad, cualidad, finalidad, etc.

■ Oraciones subordinadas adjetivas o de relativo

> Las oraciones de relativo tienen la misma función que un adjetivo, es decir, sirven para **identificar** o **describir** cosas o personas.

> — *La casa **que tiene más plantas** es mía.* = *La casa **abarrotada de plantas** es mía.*
> — *El chico **que tiene el cabello rubio** es mi primo.* = *El chico **rubio** es mi primo.*

Pero no siempre es posible definir con un adjetivo, en estos casos es necesario el uso de las oraciones de relativo:

> — *La casa **que está en la esquina** es mía.*
> — *El chico **que lleva los pantalones a cuadros** es mi primo.*

> La cosa o persona a la que se refiere la oración de relativo se llama **antecedente**. El pronombre que lo sustituye puede ser QUE (personas o cosas) o DONDE (lugar).

Estructura de las oraciones de relativo

antecedente	+	pronombre relativo	+	indicativo
				subjuntivo

— *Los estudiantes que **han terminado** el examen pueden salir.*

— *Busco una persona que **sea** capaz de traducir estos textos del ruso.*

Usamos indicativo:

Cuando lo que decimos del **antecedente** es algo seguro porque es **conocido**:

> — *La escuela donde estudio español está muy lejos de mi casa.*
>
> — *El gato **que tiene** Fernando es un donjuán, todos los días se va de picos pardos.*

Usamos subjuntivo:

1. Cuando el **antecedente** es **desconocido** y no podemos definirlo o identificarlo con exactitud:

> — *Estoy buscando un libro **que hable** de los problemas emocionales de la juventud.*

2. Cuando **preguntamos** por la **existencia** o **no** de una cosa o persona:

¿Hay ¿Conoces (a) ¿Sabes si hay	+	pronombre/adjetivo indefinido	+	pronombre relativo	+	subjuntivo

> — *¿Hay alguna persona **que pueda** explicar por qué Antonio no está aquí?*
>
> — *¿Conoces a alguien **que sepa** tocar la guitarra flamenca?*
>
> — *¿Sabes si hay algo en la nevera **que se pueda** comer?*

3. Cuando **negamos la existencia** de una cosa o persona:

No hay	+	pronombre/adjetivo indefinido	+	pronombre relativo	+	subjuntivo

> — *En esta reunión **no** hay nadie **que sea** capaz de decir una mentira como esa.*
>
> — ***No** hay ninguna tienda cerca de aquí **que venda** revistas de fotografía.*

4. Cuando expresamos **escasez de algo**:

Hay poco, -a, -os, -as	+	nombre	+	pronombre relativo	+	subjuntivo

> — *En esta asociación hay **poca** gente **que** no **tenga** hijos pequeños.*

5. Cuando **pedimos** algo, especificando lo que queremos:

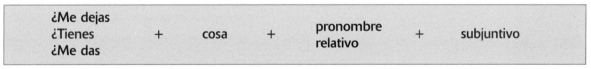

¿Me dejas ¿Tienes ¿Me das	+	cosa	+	pronombre relativo	+	subjuntivo

> — *¿Me dejas un libro **que trate** el tema de la interpretación de los sueños?*
>
> — *¿Tienes algo **que sirva** para quitar manchas de fruta?*
>
> — *¿Me das una cosa **que pegue** plástico y madera?*

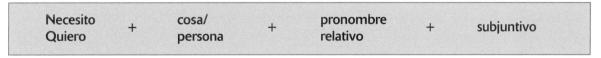

Necesito Quiero	+	cosa/ persona	+	pronombre relativo	+	subjuntivo

> — *Necesito a alguien **que entienda** de ordenadores, el mío no funciona.*
>
> — *Quiero algo **que ahuyente** las hormigas.*

■ Tipos de oraciones adjetivas

Hay dos tipos de oraciones de relativo:

Explicativas: solo añaden información, van siempre entre comas. Se puede eliminar la frase y la oración principal continúa teniendo sentido. Solo admiten verbos en indicativo.

> – *Los estudiantes nuevos, que están en la clase de la derecha, comenzarán las clases a las once. (=* **todos** *los estudiantes nuevos)*

Especificativas: sirven para identificar y concretar al sustantivo. Nunca van entre comas.

> – *Los estudiantes nuevos que están en la clase de la derecha comenzarán las clases a las once. (=* **solo** *los que están en la clase de la derecha)*

■ Oraciones de relativo especificativas

- Muchas veces no es posible definir una palabra con un adjetivo; en ese caso, utilizamos las oraciones de relativo especificativas, que identifican o describen cosas y personas igual que lo haría un adjetivo.

  > – *Tengo un amigo mudo.* ➜ *Tengo <u>un amigo</u> que no habla.*
  >   antecedente

- La persona o cosa a la que se refiere la oración de relativo se llama ANTECEDENTE y se encuentra en la oración principal.

■ Oraciones subordinadas adverbiales

> Las oraciones adverbiales tienen la misma función que un adverbio, es decir, sirven para matizar valores, precisar o ampliar el significado de la acción expresada por el verbo principal.

■ Oraciones temporales

Hay marcadores gramaticales que permiten relacionar dos sucesos desde un punto de vista temporal.

Estos marcadores los podemos clasificar por el matiz temporal que añaden a la acción del verbo principal:

1. Para expresar que una acción es habitual:

> **Cuando**: (es la forma más usada)
> — *Cuando estaba en San Sebastián, iba todos los días a la playa.*
> — *Todos los días cuando llego a casa me ducho.*

2. Para expresar dos acciones simultáneas:

> ***Mientras:***   mientras + acontecimiento + acontecimiento
> — *Mientras yo compro en el mercado, tú puedes ir al banco.*
> ***Mientras tanto:***   acontecimiento + mientras tanto + acontecimiento
> — *Fernando prepara la cena. Mientras tanto yo acuesto a los niños.*

3. Para expresar que la acción se repite cada vez que se realiza la otra acción:

> La diferencia entre *mientras* y *mientras tanto* es que en el segundo caso las informaciones que se presentan como contemporáneas son nuevas para el interlocutor. En cambio, la información introducida directamente por "mientras" ya es conocida por el interlocutor.

Siempre que: — *Siempre que escucho esta canción, me pongo a bailar.*

Cada vez que: — *Cada vez que viene, trae regalos para todos.*

Todas las veces que: — *Todas las veces que salgo con José, pasa algo.*

4. Para expresar que una acción es inmediatamente posterior a otra:

Tan pronto como: — *Tan pronto como lleguen, nos iremos.*

En cuanto: — *En cuanto termines de comer, nos vamos al cine.*

Nada más: — *Nada más salir de casa, empezó a llover.*

5. Para expresar el límite de la acción:

Hasta que (no): — *Hasta que no venga Maribel, no nos podemos ir.*

6. Para expresar que una acción es anterior a otra:

Antes de (que):

— *Antes de firmar el contrato, hay que leerlo detenidamente.*

— *Antes de la reunión, tenemos que hablar seriamente con Julián.*

En los casos en los que aparece *antes de* + sustantivo estos sustantivos suelen hacer referencia a *fechas, cantidades de tiempo* o a sucesos como *el examen, la boda, el entierro, la conferencia,* etc.

7. Para expresar que una acción es posterior a otra:

Después de (que):

— *Después del examen, nos vamos a tomar unas tapas.*

— *Después de que salgas del trabajo, iremos a comprar.*

En los casos en los que aparece *después de* + sustantivo estos sustantivos suelen hacer referencia a *fechas, cantidades de tiempo* o a sucesos como *el examen, la boda, el entierro, la conferencia,* etc.

8. Para expresar el período de tiempo que separa dos sucesos:

Al cabo de A los/las	+	cantidad de tiempo

— *Nos vimos por primera vez en febrero y, al cabo de tres meses, nos casamos.*

— *Salimos de casa a las diez y, a las dos horas, tuvimos que volver porque no paraba de llover.*

Cantidad de tiempo	+	después más tarde

— *Hice el último examen en mayo y, tres semanas después, ya tenía trabajo.*

— *Cogimos el avión a las tres y, quince minutos más tarde, tuvo que aterrizar.*

■ Oraciones temporales con indicativo o con subjuntivo

Los marcadores temporales que acabamos de estudiar pueden ir seguidos de infinitivo, indicativo o subjuntivo.

Marcador temporal + infinitivo

En este caso, el sujeto de las dos oraciones es el mismo:

— ***Antes de*** *terminar la carrera, empecé a trabajar.*

— ***Después de*** *viajar a Sevilla, le cambió la vida.*

— ***Nada más*** *entrar en la fiesta, vio a su ex novia.*

Marcador temporal + indicativo

Expresa una acción en tiempo presente o pasado:

> — *El año pasado Fermín estuvo en Londres dos semanas dando unas conferencias.*
> — **Mientras tanto**, *su mujer estuvo en Salamanca impartiendo unos cursos de español.*

Marcador temporal + subjuntivo

Cuando el sujeto de las dos oraciones es distinto.

> — **Antes de que llegue** *Ana, terminad el informe.*
> — **Después de que** *termines los deberes, iremos al cine.*

Marcador temporal + indicativo subjuntivo	⟶ Expresa una acción en presente o pasado. ⟶ Expresa una acción en futuro.

Marcadores que siguen esta regla:

> Cuando / cada vez que / siempre que / hasta que / mientras...

* Con indicativo:

> — **Cuando** *viene Juan, trae regalos para todos;* — **Cada vez que** *salgo de noche, regreso a casa en taxi;* — **Siempre que** *íbamos al cine, nos sentábamos en la última fila;* — **Hasta que** *no viene su madre, no para de llorar;* — **Mientras** *preparas la comida, yo pongo la mesa.*

* Con subjuntivo:

> — **Cuando** *llegue Javier, terminaremos de hablar sobre el tema;* — **Cada vez que** *venga, le tendremos preparada una sorpresa;* — **Siempre que** *viajes a Bilbao, alójate en el hotel de la plaza;* — *Esperaremos aquí* **hasta que** *llegue Manuel;* — **Mientras** *lleguemos a tiempo, todo saldrá bien.*

■ Oraciones causales

Para expresar la causa, la lengua española dispone de diferentes recursos:

1. Para preguntar por la causa de alguna cosa:

¿Por qué...?	¿Cómo es que...? ¿Y eso?
* Es la forma más neutra, no añade ningún matiz. — *¿Por qué no vino Fernando a la fiesta?* * Funciona también en las oraciones interrogativas indirectas. — *No comprendo por qué no vino Fernando a la fiesta.*	* Expresan extrañeza o sorpresa respecto a la acción del verbo principal. *¿Cómo es que no vino Fernando a la fiesta?* * Solo funcionan en oraciones interrogativas directas. ▷ *Fernando no vino a la fiesta.* ► *¿Y eso?*

2. Para responder, explicar la causa, disponemos de los siguientes marcadores:

Porque + indicativo

Es la forma más explícita y más neutra.

> ▷ *¿Por qué no vino a la fiesta Fernando?*   ► *Porque tenía trabajo en el despacho.*

No porque + subjuntivo + sino porque

Se utiliza cuando la información que se expresa **no es nueva**, sino que se trata de información ya aparecida en el decurso de la conversación.

> — *¿No vas a la fiesta porque te cae mal Joaquín?*
> — *No voy no porque me caiga mal, sino porque no me gustan sus fiestas.*

Debido a (que)/A causa de (que) + indicativo

El significado de estos marcadores causales está próximo al de **porque**, pero se utilizan en un contexto más formal.

> — *La economía familiar está en una situación cada vez más crítica **debido al** aumento progresivo de los productos de consumo básico y al estancamiento de los salarios.*
> — *La economía familiar está en una situación cada vez más crítica **debido a que** han aumentado progresivamente los productos de consumo básico y se han estancado los salarios.*

Es que + indicativo

Se utiliza para justificar la respuesta.

> ▷ *¿Por qué no vienes a la fiesta.*
> ► *Es que tengo que estudiar para los exámenes finales.*

No es que + subjuntivo + sino que

Se utiliza cuando el hablante quiere ser más cortés en su respuesta y formula una primera justificación que no es la que quiere expresar.

> ▷ *¿No te gusta la película de Almodóvar?*
> ► *A ver, no es que no me guste, sino que no es el tipo de cine que yo suelo ver.*

No + indicativo + sino

Esta estructura se utiliza para corregir informaciones falsas.

> — *Cristóbal Colón no era español sino genovés.*

Por + adjetivo/sustantivo/infinitivo

La causa introducida con **por** tiene, normalmente, connotaciones negativas.

> — *No vino a la fiesta por despistado, se equivocó de día.*
> — *No viene a la fiesta por su testarudez, dice que si viene Belén, él no viene.*
> — *José Luis se puso enfermo por trabajar tanto.*

Puesto que/Ya que/Dado que/Como + indicativo

Se utilizan estos marcadores cuando la causa es conocida por el interlocutor.

> ▷ *El sábado no voy a la fiesta de Ana.*
> ► *Ya que no vas a la fiesta, podrás hacer de canguro.*

Los nexos **puesto que, ya que, dado que** pueden ir delante o detrás de la oración principal.

> — *Podrás hacer de canguro, ya que no vas a la fiesta.*

Sin embargo, **como** siempre va al inicio de la frase.

> — *Como perdí las entradas, no pudimos ir al concierto.*

■ **Oraciones consecutivas**

* Las oraciones consecutivas expresan la consecuencia.

* Los nexos consecutivos los podemos clasificar en dos grupos:

Los que siempre se construyen con **indicativo**

* **Así que**
* **Por eso**
* **Entonces**
* **Por (lo) tanto**

* **Por consiguiente**
* **De modo/manera que**
* **En consecuencia**

— He estado todo el mes de vacaciones, **por eso** no estoy informado de las últimas novedades.

— Aún no saben qué le pasa, **de modo que** sigue hospitalizado.

— Son las dos y Felipe no ha llegado, **por lo tanto** empezaremos sin él.

— No se presentó al examen final, **así que** tendrá que presentarse en septiembre.

Los que siempre se construyen con subjuntivo

- **De ahí que**

— No saben que la reunión es mañana, **de ahí que** no vengan.

Estos marcadores consecutivos expresan una consecuencia que el hablante considera exagerada:

- **No tan** + adjetivo + **como para que**

- **No tanto, -a, -os, -as** + sustantivo + **como para que**

- **No** + verbo + **tanto como para que**

— La película no ha sido **tan** buena **como para que** aplaudan diez minutos.

— No hay **tan** poca gente **como para que** suspendan el concierto.

— No tiene **tanto** dinero **como para que** vaya presumiendo por ahí.

— No gana **tanto como para que** haga ese viaje en crucero.

■ Oraciones finales

- Expresan la finalidad.

Para + infinitivo

- Cuando el sujeto de las dos oraciones es el mismo:
  — Pablo y Nieves están ahorrando **para casarse**.

- Cuando el verbo es de movimiento podemos utilizar también la preposición **a**:
  — He venido **a verte**.

Para que + subjuntivo

- Cuando hay dos sujetos:
  — Han ido al banco **para que** les informen de las hipotecas.
  — He llamado a Fernando **para que** me diga si viene a la fiesta.

- Con verbos de movimiento utilizamos también **a que**:
  — He venido **a que** me enseñes cómo funciona esto.

A fin de que/Con (el) objeto de que + subjuntivo

- Funcionan como **para que**, pero tienen un uso más formal:
  — Hemos convocado la reunión del viernes **con el objeto de que** todos puedan estar informados de las últimas novedades empresariales.

¿Para qué...? + indicativo

- Las oraciones interrogativas, directas o indirectas, siempre se construyen con indicativo:
  — ¿**Para qué** te ha llamado el jefe?
  — ¿Sabes **para qué** sirve esto?

■ Oraciones condicionales con *si*

- Para expresar la condición necesaria para que se produzca una acción podemos utilizar las siguientes estructuras:

Para expresar condiciones posibles de cumplir

- **Si** + presente de indicativo +
  - futuro   – *Si sales ahora, llegarás a tiempo.*
  - presente   – *Si quieres, nos tomamos un café.*
  - imperativo   – *Si recibes su fax, mándame una copia.*

- En general, cuando una condición se realizó o pudo haberse realizado en el pasado, la concordancia siempre es en indicativo:

  - *Si lo dijo, algo habría de verdad.*
  - *Si habías ido a hablar con él, sería por alguna buena razón.*

Para expresar una condición poco probable o imposible

1. Si + pretérito imperfecto de subjuntivo + condicional simple
  - *Si fuera rica, viajaría por todo el mundo.*

2. De + infinitivo +condicional
  - *De ser rica, viajaría por todo el mundo.*

Para expresar una condición improbable o imposible

1. Si + pretérito pluscuamperfecto de subjuntivo* + condicional compuesto
  - *Si hubiera escuchado sus consejos, no habría perdido todo mi dinero.*

2. De + infinitivo compuesto + condicional compuesto
  - *De haber escuchado sus consejos, no habría perdido todo mi dinero.*

* El pretérito pluscuamperfecto de subjuntivo se forma con el pretérito imperfecto de subjuntivo del verbo *haber* más el participio del verbo. Se usa siempre para expresar acciones irreales en pasado: *¡Ojalá hubiera/hubiese estudiado económicas en vez de arte!*

En la lengua coloquial también usamos

1. Si + llegar a (presente) infinitivo + condicional compuesto/ presente de indicativo
  - *Si lo llego a pensar dos veces, no lo habría hecho.*
  - *Si lo llego a pensar dos veces, no lo hago.*

2. Si + presente de indicativo + presente de indicativo
  - *Si lo pienso dos veces, no lo hago.*

■ Estructuras condicionales con otros nexos

Para expresar la condición mínima indispensable para que se produzca el resultado

- **Siempre que**
- **Con tal de que**   +
- **A condición de que**

    presente de subjuntivo, futuro
    pretérito imperfecto de subjuntivo, condicional simple
    pretérito pluscuamperfecto de subjuntivo, condicional compuesto

  - *Lo haré, siempre y cuando me prometas guardarlo en secreto.*
  - *Con tal de que viniera a la fiesta, iría a su casa a recogerlo.*
  - *Habría vuelto a mi país, a condición de que hubiera cambiado el régimen político.*

Para expresar condiciones que el hablante percibe como la única causa o eventualidad que puede hacer que se produzca o no el resultado

- A no ser que
- Excepto que
- Salvo que
- Excepto si*
- Salvo si*

} presente de subjuntivo, futuro
+ pretérito imperfecto de subjuntivo, condicional simple
  pretérito pluscuamperfecto de subjuntivo, condicional compuesto

– *No viviré en ese hotel a no ser que sea un hotel de lujo.*

– *No habría aceptado un trabajo mal pagado excepto que hubiera sido temporal.*

– *Salvo que me dijera una mentira, la llave debería estar aquí.*

– *No comería en ese restaurante excepto si todos los demás estuvieran cerrados.*

– *No saltaría en paracaídas salvo si me fuera la vida en ello.*

* *Excepto si* y *salvo si* siguen las reglas de la conjunción *SI* para determinar el modo verbal de indicativo o subjuntivo.

■ Oraciones concesivas

- Este tipo de oraciones subordinadas indican una objeción o dificultad para la realización de la acción indicada por el verbo principal (Vb. P.). Queremos con ello mostrar un contraste, especialmente cuando damos una opinión.

<u>*Aunque haga frío,*</u> <u>*iré (Vb. P.) mañana a la playa con mi familia*</u>
  O. subordinada   O. principal
    ↓
(El hecho de que haga frío supone una dificultad que
contrasta con la intención de ir a la playa, ya que se
supone que solo se va a este lugar cuando hace calor).

- En español tenemos varios conectores para expresar la concesión, sin embargo nos centraremos en uno de los más importantes debido a la influencia modal que tiene sobre el verbo (indicativo/subjuntivo) que le acompaña: *aunque*.

1. Usamos el verbo en **indicativo** cuando *aunque* introduce una información nueva de la que el hablante informa al oyente.

– ***Aunque estudia*** *todos los días del año, no va a aprobar la asignatura.*

2. Usamos el verbo en **subjuntivo** cuando *aunque* introduce una información que ya es conocida por el oyente, presuponemos que conoce o no informamos de ello, sino que nos servimos de esa información para opinar.

– ***Aunque estudie*** *todos los días del año, no va a aprobar la asignatura.*

3. Usamos concretamente el verbo en **imperfecto subjuntivo** cuando además de mostrar un contraste,

a. queremos expresar un rechazo hacía la idea que se introduce con *aunque*, ya que la encontramos muy difícil de llevar a cabo o de creer.

b. queremos marcar que la idea que se introduce con *aunque* no sirve como argumento para cambiar de opinión.

– ***Aunque estudiara*** *todos los días, no aprobaría la asignatura.*

> También podemos utilizar, de la misma manera que **aunque**, conectores como: ***a pesar de que, pese a que*** en registros formales. Y ***por más que*** si lo que queremos es añadir un matiz de insistencia.
>
> – ***A pesar de que estudia*** *todos los días, no va a aprobar la asignatura.*

■ Oraciones reduplicativas de subjuntivo

Estas construcciones pertenecen al grupo de oraciones subordinadas concesivas (es decir, aquellas que indican un contraste entre las dos ideas expuestas), aunque esta vez se sustituyen los conectores por una **estructura repetitiva** cuyos verbos siempre se encuentran en modo **subjuntivo**.

Forma:

- La estructura se forma mediante dos verbos exactamente iguales en modo subjuntivo unidos por una preposición opcional y un pronombre relativo:

| Verbo en subjuntivo | + | (preposición) | + | Pronombre relativo | + | mismo verbo en subjuntivo | + | frase |

- *Vayas a donde vayas, siempre te encontrarás a alguien conocido en esta ciudad.*

Uso:

- Como se puede apreciar, la frase está formada por dos partes muy bien diferenciadas y siempre separadas por una coma. Estas partes se contrastan con el fin de señalar o informar que la parte B de la frase va a llevarse a cabo con indiferencia al impedimento u objeción que se plantea en la parte A.

Hagas lo que hagas, pienso salir de excursión este fin de semana.

Parte A   Parte B

(En otras palabras: No importa lo que vayas a hacer, yo este fin de semana me voy de excursión independientemente de si tú vienes o no conmigo).

■ Oraciones comparativas

	Adjetivos/sustantivos/adverbios	Verbo
Superioridad	**Regular:** • *Más* + adjetivo/sustantivo/adverbio + *que* – *María es más guapa que Carmen.* **Irregular:** • Bueno/a/os/as → *mejor, -es + que* • Grande/es → *mayor, -es + que*	**Regular:** • Verbo + *más* + *que* – *El hombre vive más que el gato.* **Irregular:** • Bien → *mejor que*
Inferioridad	**Regular:** • *Menos* + adjetivo/sustantivo/adverbio + *que* – *Internet es menos lento que el correo postal.* **Irregular:** • Malo/a/os/as → *peor, -es + que* • Pequeño/a/os/as → *menor, -es + que*	**Regular:** • Verbo + *menos* + *que* – *María corre menos que Pedro.* **Irregular:** • Mal → *peor que*
Igualdad	• *Tan* + adjetivo/adverbio + *como* • *Igual de* + adjetivo/adverbio + *que* – *Iván es igual de alto que su primo.* • Verbo + *tanto/a/os/as* + sustantivo + *como* • *La misma cantidad de / el mismo número de* + sustantivo + *que* – *Añade la misma cantidad de harina que de azúcar.*	• Verbo + *tanto como* – *El libro cuesta tanto como el block.* • Verbo + *lo mismo/igual que* + verbo + sustantivo – *Trabaja lo mismo que duerme.* • Verbo + *como* + pronombre personal – *Sabe cocinar como tú.*

NOTA:

- Si los interlocutores conocen el segundo término de la comparación, a menudo se elide: *María es más guapa.*

- Usamos la preposición **de** en comparativos de superioridad e inferioridad cuando:

    – Comparamos un nombre y la comparación es cuantitativa: *Tiene más dinero del que aparenta.*

    – Cuando hablamos de una cantidad específica: *Tiene más de 2000 euros.*

    – Si el segundo elemento que comparamos está introducido por **lo que:** *Este ejercicio es más difícil de lo que parece.*

- Tenemos también expresiones comparativas: Es lo mismo que...; Muy diferente a/de...; No se parece nada a...; No tiene nada que ver con...; Es idéntico a...; Son como dos gotas de agua: *Carmen es muy diferente a Ana.*

■ El superlativo

Relativo

- Destaca una característica del sujeto, comparándolo con los demás de su misma especie o grupo.

    – El/la/los/las + más/menos   + adjetivo $\Big\}$ $\Big\{$ + de + sustantivo
    – El/la/los/las + mejor/es, peor/es + sustantivo $\Big\}$ $\Big\{$ + que + frase

    – *Este libro es el más interesante de todos, es el más interesante que he leído nunca.*

Absoluto

- Destaca la característica de un sujeto sin compararlo con ningún otro. Hablamos únicamente de ese sujeto y su cualidad.

Adjetivos $\Big\{$

+ adverbios: *muy*, -mente (sumamente), *tan:*

    – *Carlos es muy alto.*

+ expresiones coloquiales: *la mar de..., la leche de..., una pasada de....:*

    – *Carlos es una pasada de alto.*

+ sufijo: -ísimo,-a,-os,-as:

    – *Carlos es altísimo.*

Nota: hay algunos que no lo admiten:
    a. colores en -a: *rosa.*
    b. adjetivos en -uo, -il: *arduo.*
    c. adjetivos esdrújulos en -eo, -ico, -fero, -imo: *único.*

+ prefijos coloquiales: re-/ requete-/ archi-/ super-:

    – *Carlos es superalto.*

+ sufijo culto: -érrimo: *celebérrimo (célebre), paupérrimo (pobre), libérrimo (libre), misérrimo (mísero).* También son formas cultas las de origen latino, y funcionan como adjetivos: *óptimo, pésimo, mínimo, máximo, ínfimo, supremo,* etc...

    – *Conocí a un chico que era paupérrimo.*

■ Como si + imperfecto/pretérito pluscuamperfecto de subjuntivo

La partícula **como** tiene muchas funciones en español. La dificultad radica en el modo verbal que debe acompañarla para que así cambie su significado.

- Utilizamos la partícula **como** cuando queremos describir algo (objetos, personas, acciones), y nos ayudamos comparándolo con elementos semejantes.

Usamos **como** + $\Big\{$

presente de indicativo: para describir el modo en que se realiza una acción que conoce el hablante.

    – *Estoy limpiando como tú quieres.*

presente de subjuntivo: para describir el modo en que se realiza una acción, pero que desconoce el hablante.

    – *Yo por ti trabajo como tú quieras.*

- Usamos **como si** + subjuntivo: para describir algo o una situación. Recurrimos a ideas o situaciones que <u>no</u> han pasado, son imaginarias e irreales, pero parecidas a las que intentamos describir.

Usamos **como si** + {
    imperfecto de subjuntivo: cuando las dos acciones (la descrita y la imaginaria) son simultáneas.
       – *Andas por la calle como si tuvieras prisa.*

    pluscuamperfecto de subjuntivo: la acción imaginaria se realizaría antes que la descrita para así establecer semejanzas entre ambas.
       – *Te comportas como si no hubieses viajado en tu vida.*

- Usamos **ni que** + imperfecto/pluscuamperfecto de subjuntivo: para comparar una acción con otra que sabemos es imposible. Es sinónimo de **como si** pero con más fuerza.
  - *¡Qué pelos! ¡Ni que hubieras visto al diablo!*

Correlación de tiempos indicativo/subjuntivo

Verbo 1	**Verbo 2**
• Presente de indicativo • Pretérito perfecto de indicativo • Futuro simple de indicativo • Imperativo	• Presente de subjuntivo

   – *Mi médico siempre me **dice** que **beba** más agua.*
   – *En su último comunicado, el Gobierno **ha aconsejado** que **moderemos** el uso del agua.*
   – *Los estudiantes **pedirán** que se **supriman** las tasas.*
   – ***Exige** que te **contesten**.*

Verbo 1	**Verbo 2**
• Pretérito imperfecto de indicativo • Pretérito indefinido de indicativo • Condicional simple	• Pretérito imperfecto de subjuntivo

   – ***Quería** que **supieras** la verdad cuanto antes.*
   – *Me **rogó** que no se lo **dijera** a nadie.*
   – *Me **gustaría** que **entendieras** mi situación.*

■ Correlación de tiempos indicativo/subjuntivo: "subjuntivo sentimental"

1. Para expresar nuestros sentimientos hacia lo que una persona **hace**, usamos:

Me gusta
Me encanta
No soporto } + que + presente de subjuntivo
Me fastidia
etc.

   – *Me gusta que digas siempre lo que piensas.*

Lo que (más/menos) {
   me gusta
   me sorprende } + es que + presente de subjuntivo
   me importa

   – *Lo que más me sorprende es que todos estén de acuerdo.*

2. Para expresar nuestros sentimientos hacia lo que una persona **ha hecho**, usamos:

Me gusta
Me encanta
No soporto ⎫ + que + pretérito perfecto de subjuntivo
Me fastidia
etc. ⎭

– *Me encanta que hayas venido.*

Lo que (más/menos) ⎰ me gusta
me sorprende ⎱ + es que + pretérito perfecto de subjuntivo
me importa

– *Lo que más me gusta es que me haya contestado tan rápido.*

3. Para expresar nuestros sentimientos hacia lo que una persona **hizo**, usamos:

Me gustaba
Me encantó
No soportaba ⎫ + que + pretérito imperfecto de subjuntivo
Me fascinó
etc. ⎭

– *Me gustó que me dijera la verdad.*

Lo que (más/menos) ⎰ me gustaba
me sorprendió ⎱ + fue/era que + pretérito imperfecto de subjuntivo
me fascinaba

– *Lo que más me sorprendió fue que pusiera esa cara de fastidio.*

4. Para expresar un deseo hipotético usamos:

Me gustaría ⎰ + que + imperfecto de subjuntivo
Me encantaría ⎱

– *Me gustaría que fuéramos todos de vacaciones.*
– *Me encantaría que vieras esto. ¡Es increíble!*

El estilo indirecto

El estilo indirecto, o discurso referido, consiste en reproducir las palabras o pensamientos de otras personas o de uno mismo, pero en este caso, van unidas al verbo introductorio por el nexo que. Los elementos de la oración sufrirá entonces una serie de cambios.

– *María dijo **que** la llamara al móvil cuando tuviese noticias.*

El estilo directo consiste en reproducir "textualmente" las palabras o pensamientos de otras personas o de uno mismo. Estas palabras van siempre entre comillas (en la expresión escrita) o con una entonación que, generalmente, imita a la del propio hablante (en la expresión oral), y precedidas por la persona que las emite (sujeto) y un verbo como *decir (comentar, sugerir, responder, contestar...)*, seguido de dos puntos.

– *María dijo: "Llámame al móvil cuando tengas noticias".*

■ Cambios generales en el estilo indirecto

Al trasmitir las palabras de otras personas tenemos que tener en cuenta la **situación** y **distancia** de las personas implicadas. Los cambios que se producen tienen que ver más con la intención comunicativa y la situación que con unas reglas establecidas.

Pronombres personales

Los pronombres personales varían según qué persona esté hablando y de quién o quiénes se esté hablando. Estos son solo algunos ejemplos:

1. Yo >Tú: cuando otra persona te reproduce lo que tú dijiste.

- *Yo: "Voy a ir al cine".*
- *María: El otro día tú dijiste que ibas a ir al cine.*

2. Tú >Yo: cuando reproduces las palabras que otro te dijo a ti.

- *Marta: "¿Estás cansado?".*
- *Yo a Marta: El otro día me preguntaste si estaba cansado.*

3. Yo >Él/ella: cuando una persona cuenta lo que dijo una persona a otra.

- *Pedro a Ana: "Quiero cambiar de móvil".*
- *Carmen: Pedro dijo a Ana que él quería cambiar de móvil.*

4. Tú >El /ella: cuando le contamos a otra persona lo que le dijimos a una tercera.

- *Carlos a María: "(Tú) Siempre quieres salirte con la tuya".*
- *Carlos a Ana: "Le dije que siempre quería salirse con la suya".*

5. Nosotros, -as y vosotros, -as funcionan como **yo** y **tú** pero en plural.

Demostrativos

- Los adjetivos y pronombres demostrativos cambian, ya que cambian las distancias. Los adverbios **aquí, ahí, allí** también se ven afectados.
  - *Mi hermano: "Por favor, ayúdame a levantar esta caja de aquí".*
  - *La hermana: Mi hermano me dijo que le ayudase a levantar esa caja de ahí/allí.*

Posesivos

- Los adjetivos y pronombres posesivos también cambian según la cosa o persona poseída y su poseedor.
  - *Pedro: "Tienes que darme tu número de teléfono".*
  - *Antonio: Pedro me dijo tenía que darle su número de teléfono.*

Verbos ir, venir, traer, llevar

- Estos verbos deben modificarse cuando la persona que lo cuenta se encuentra en un lugar diferente.
  - *Alberto: "Tienes que traerme los impresos para hacer la declaración de la renta".*
  - *Alba: Alberto me dijo que le llevase los impresos para hacer la declaración de la renta.*

■ Cambios generales en los tiempos verbales

1. Cuando el verbo principal (Vb 1) va en presente no se producen cambios en los tiempos verbales de los verbos subordinados (Vb 2), excepto el imperativo que cambia a presente de subjuntivo.

   - *Iván **dice** (Vb1): "Hoy **tengo** (Vb2) una reunión muy importante sobre el aumento de trabajadores en la empresa".*
   - *Iván **dice** (Vb1) que hoy **tiene** (Vb2) una reunión muy importante sobre el aumento de trabajadores en la empresa.*

   presente

2. Cuando el verbo principal (Vb 1) va en pasado hay que llevar a cabo una serie de trasformaciones. Estas transformaciones afectan fundamentalmente al verbo subordinado (Vb 2) y a los adverbios de tiempo:

> – Ana **dijo** (Vb1): "Ahora me **voy** (Vb2) a París por un asunto de negocios".
> – Ana **dijo** (Vb1) que **entonces** se **iba** (Vb2) a París por un asunto de negocios. } pasado

Decir		Referir o contar lo que se ha dicho	
Tiempo original	**Dice/Ha dicho que...**	**Ha dicho/Dijo que...**	
Indicativo — Presente / Pretérito imperfecto	No hay cambio	Pretérito imperfecto	
Indicativo — Pretérito indefinido / Pretérito perfecto / Pretérito pluscuamperfecto	No hay cambio	Pretérito indefinido / Pretérito pluscuamperfecto	
Indicativo — Futuro imperfecto / Condicional simple	No hay cambio	Condicional simple	
Indicativo — Futuro perfecto	No hay cambio	Condicional compuesto	
Subjuntivo — Presente	No hay cambio	Pretérito imperfecto	
Subjuntivo — Pretérito imperfecto	No hay cambio	Pret. imperf./Pret. pluscuamperfecto	
Subjuntivo — Pretérito perfecto	No hay cambio	Pretérito pluscuamperfecto	
Imperativo	Presente de subjuntivo	Pretérito imperfecto de subjuntivo	

Adverbios

Hoy	Aquel día	Ayer	El día anterior
Mañana	Al día siguiente	Ahora	Entonces
Anteayer	Dos días antes	Pasado mañana	Dos días después
Por ahora	Hasta entonces	Luego, después	Más tarde

3. Cuando el verbo principal está en pretérito perfecto, al ser un tiempo pasado pero conectado al presente, admite la correspondencia de tiempos del punto 1 y 2.

4. Tenemos que tener cuidado al transformar las oraciones al estilo indirecto porque hay ciertas expresiones que no se pueden pasar de un estilo a otro:

> ▷ *Sergio: "He aprobado el examen de español".*
> ▶ *Sara: "¡Vaya! ¡Qué bien!".*
> **E. Indirecto**: *Sergio le comentó a Sara que había aprobado el examen y ella* se alegró mucho.

■ Cambios en **oraciones interrogativas**

Cuando queremos transformar las oraciones interrogativas al estilo indirecto utilizaremos un verbo principal, como *preguntar*, y seguiremos la correspondencia de tiempos vistas ya en el punto 1 y 2. Además, debemos prestar atención al tipo de interrogativa que estamos trasformando:

> **a.** O. interrogativas directas (la respuesta es SÍ o NO): añadiremos la partícula *si*.

> **b.** O. interrogativas indirectas (la respuesta es una oración): mantendremos siempre la misma partícula interrogativa.

– *María: "¿Carlos, quieres venir al cine?".*

María le preguntó a Carlos (que) si quería ir al cine.

– *Antonio: ¿**Cuándo** te viene bien que te llame?*

*Antonio le preguntó a Raquel que **cuándo** le venía bien que la llamase.*

– *Rosa: ¿**Qué** quieres hacer esta tarde?*

*Rosa me preguntó que **qué** quería hacer esa tarde.*

■ Transmisión del estilo indirecto al estilo directo

En el estilo directo encontramos un verbo introductor *(decir, preguntar, explicar...)* seguido de dos puntos (:) y la frase aparece entre comillas ("...."):

– *José dijo: "No sé para qué he venido".*

– *Luis Ángel preguntó a su madre: "¿Ya es la hora?".*

– *Carmen exclamó: "¡Hemos ganado! ¡Hemos ganado la lotería!".*

En el estilo indirecto la estructura es diferente, el verbo introductor suele aparecer seguido de la partícula *que* y el contenido no se presenta entre comillas:

– *José dijo que no sabía para qué había venido.*

– *Luis Ángel preguntó a su madre si ya era la hora.*

– *Carmen exclamó que le había tocado la lotería.*

No hay que olvidar las transformaciones que se producen; puedes recordar el cuadro que aparece en la Unidad 2.

El estilo directo reproduce al pie de la letra lo que decimos, por eso en algunas ocasiones no es posible transformar a estilo indirecto ciertas fórmulas como frases hechas, interjecciones, redundancias o frases cuya función es llamar la atención al interlocutor:

Juan: ¡Vaya! ¿Qué tal? ¡Tú por aquí!

María: Sí, ya ves... aquí estoy, haciendo tiempo.

Juan: ¡Pues, nada! Venga, oye... ¡Hasta otra!

Estilo indirecto:

– *Juan se sorprendió al encontrarse a María, María le dijo que estaba haciendo tiempo y Juan se despidió.*

■ Construcciones impersonales

Para expresar una opinión general en la que el sujeto no es importante o no interesa mencionarlo, podemos utilizar los siguientes recursos:

Poner el verbo en tercera persona del plural

• Con los verbos de opinión *creer, pensar...*, utilizamos esta construcción si el contexto deja claro que nos referimos a un grupo de personas concreto:

▷ *¿Has leído el periódico?*

▶ *Sí, ya lo he visto, piensan cortar la Gran Vía durante la manifestación (Las autoridades municipales).*

• Con los verbos de lengua *decir, informar,* etc., el contexto no es necesario:

– *Dicen que este año habrá sequía.*

Utilizar se + verbo en tercera persona (singular o plural)

• En este caso no es necesario el contexto previo con los verbos de opinión. Tiene sentido pasivo:

– *Se compra coche* (verbo en singular: concuerda con coche).

– *Se venden coches usados* (verbo en plural: concuerda con coches).

- Para hacer esta construcción tomamos una oración activa con sujeto general:
    - *Los trabajadores de esta empresa trabajan mucho.*
    - *La gente utiliza cada vez más Internet.*

Suprimimos el sujeto general de la oración activa: los trabajadores, la gente, etc. Introducimos la palabra *se* y ponemos el verbo en tercera persona del singular o del plural dependiendo de las palabras siguientes.

¡OJO! Si el sujeto es general pero hace referencia a un grupo más específico podemos conserva la especificidad haciendo alguna referencia al lugar.

    - *Los trabajadores de esta empresa trabajan mucho.* → En esta empresa *se trabaja mucho.*

Conectores textuales

■ Conectores del discurso

Los conectores son palabras que sirven para conectar frases. Hay muchos tipos de conectores:

1. De consecuencia

Introducen la consecuencia haciendo énfasis en la relación causa-efecto: **por eso, por tanto, por esta razón por este motivo.**

Estos conectores son equivalentes, se diferencian en el registro de uso, ya que los dos últimos tienen mayor grado de formalidad.

2. De causa

Porque. Es el conector más frecuente y neutro. Siempre se coloca en medio de las frases e introduce la causa de una acción. Las informaciones unidas con este conector causal se presentan como informaciones nuevas y tienen la misma importancia.

    — *Esta semana no he ido a trabajar **porque** estaba enfermo.*

Como. Va colocado al principio y presenta la situación previa que explica la información que da después, es decir, la causa es una información que se presenta como conocida y tiene una importancia secundaria.

    — ***Como** estaba enfermo, no he ido a trabajar esta semana.*

Es que. Presenta la causa como una justificación. Es un conector propio de la lengua coloquial y pocas veces aparece aislado sino más frecuentemente en la respuesta a una pregunta:

    ▷ *¿Por qué llegas tarde?*
    ▶ *Lo siento, **es que** he perdido el autobús.*

3. Ideas contrarias

Introducen ideas casi contrarias. Sin embargo se emplea en registros más formales:

    — ***Pero:** Me voy a la cama pero no tengo sueño.*
    — ***Sin embargo:** La empresa realizó un gran esfuerzo, sin embargo no alcanzó los objetivos previstos.*

4. Organizativos

Sirven para organizar las ideas en un texto.

Por un lado... por otro (lado)...

Primeramente/en primer lugar...

En segundo lugar...

Finalmente/al final...

— *Por un lado me parece muy interesante tu propuesta pero por otro lado introduciría algunos cambios.*

5. Temporales

Cuando. Es la forma más neutra y presenta un suceso como contemporáneo a otro:

— *Cuando estudiaba en la universidad tenía muchos amigos.*

Mientras. Presenta un acontecimiento como contemporáneo a otro:

— *Mientras subía en el ascensor, sonó el teléfono.*

Al mismo tiempo introduce dos acciones simultáneas:

— *Estaba estudiando en la universidad y al mismo tiempo trabajaba de camarero.*

Antes de: presenta una acción o acontecimiento como anterior a otro.

Después de: presenta una acción o acontecimiento como posterior a otro.

Estos dos conectores pueden ir seguidos de un sustantivo o de un verbo en infinitivo:

— *Después de la boda se fueron de viaje al Caribe.*

— *Antes de comer me lavo las manos.*

— *Ayer fui a la playa después de hacer los deberes.*

Al cabo de + cantidad de tiempo.

Cantidad de tiempo **+ después.**

Al cabo de y **después** se usan para informar del tiempo que pasa entre dos acontecimientos que pertenecen al pasado:

— *Terminé mis estudios en junio y al cabo de tres meses encontré trabajo.*

— *Tres meses después de terminar mis estudios encontré trabajo.*

Para organizar el discurso disponemos de los siguientes marcadores:

1. Para ordenar la información: En primer lugar Para empezar Por una parte	**4. Para introducir una idea que se opone o contrasta con lo que hemos dicho antes:** Pero Sin embargo
2. Para continuar con la siguiente idea o añadir información: En segundo lugar, tercer lugar... Además Asimismo	**5. Para expresar causa:** Porque Ya que Puesto que
3. Para introducir un nuevo argumento o idea: Respecto a En cuanto a Por otra parte	**6. Para concluir/finalizar:** Por último En definitiva Para terminar En conclusión

■ **Conectores de la argumentación**

A la hora de presentar una idea que queremos defender tenemos que ser capaces, no solo de exponer unos criterios válidos para ello, sino de manejar bien la estructura y los elementos de nuestro razonamiento a seguir. Esto es, conocer perfectamente cómo **argumentar**.

La argumentación puede darse tanto en la lengua **oral** como en la lengua **escrita**, siguiendo un estilo **formal** o **informal**. Claramente, la diferencia entre estos registros radica en la utilización o no de una expresión y léxico más cuidado y elaborado, propio, por ejemplo, de los textos periodísticos.

Uno de los aspectos más importantes, consiste en dominar **la estructura** que debe tener nuestro razonamiento. Esta se divide en 4 partes fundamentales:

- Presentación de argumentos.
- Organización de los argumentos.
- Adición o enumeración de los argumentos.
- Conclusión.

Cada una de ellas es introducida o presentada con ayuda de expresiones o palabras de unión, es decir, **conectores**. Estos tienen como función la cohesión y coherencia del texto:

Presentar argumentos

- *Vamos a hablar de una cuestión/un tema que...*
- *El tema que vamos a plantear es...*
- *A manera de introducción/como introducción, podemos decir...*
- *Empecemos por considerar...*
- *Lo primero que hay que decir es que...*

Organizar argumentos

- *Habría que distinguir varios puntos...*
- *Hay que tener en cuenta diferentes aspectos...*
- *Aquí hay que hablar de diferentes puntos...*

Añadir o enumerar argumentos

- *En primer lugar... en segundo lugar...*
- *Además de...*
- *Es más,...*
- *Otro hecho importante es que...*
- *Podemos tener en cuenta también que...*

Concluir

- *Para finalizar/terminar,...*
- *En conclusión,...*
- *Para concluir,...*
- *El problema/el tema que estamos tratando se puede resumir /sintetizar de esta manera...*

Una vez hemos expuesto los argumentos, podemos opinar sobre ello, mostrar nuestro punto de vista o el de otros, e incluso oponerlos para dar más fuerza a nuestra teoría. Tenemos también conectores que nos facilitarán esta tarea:

Para presentar nuestro punto de vista

- *En mi opinión,...*
- *Estoy convencido de...*
- *Lo que creo es que...*
- *Desde mi punto de vista,...*

Para presentar el punto de vista de otros

- *Según...*
- *De acuerdo con...*
- *Para...*
- *En opinión de...*

Para presentar oposición de argumentos

- *Por una parte sí, pero por otra (parte)...*
- *Por un lado sí, pero por otro (lado)...*
- *Hay quienes opinan que... mientras que otros...*
- *Parece que... pero, en realidad,...*
- *Hay una diferencia fundamental entre... y...*

CLAVES

Unidad 1

1.1. Ejercicio de pluscuamperfecto.

1. había leído; **2.** había estado; **3.** se habían marchado; **4.** habían vuelto; **5.** había amanecido; **6.** habían llegado; **7.** habíamos perdido; **8.** habíamos hecho; **9.** había conseguido; **10.** se había quemado.

1.2. **1.** ha obtenido; **2.** se rodó; **3.** comenzó; **4.** estrenó; **5.** fue; **6.** gustó; **7.** decidió; **8.** participó; **9.** había recibido; **10.** obtuvo; **11.** se encontraban; **12.** tenía; **13.** había dirigido; **14.** realizaba; **15.** nació; **16.** se trasladó; **17.** empezó; **18.** inició.

1.3. Ejercicio de conectores. Sopa de letras.

1.4. Ejercicio de conectores.

1. Como; **2.** es que; **3.** mientras; **4.** al cabo de ; **5.** por tanto; **6.** al final; **7.** sin embargo; **8.** al mismo tiempo; **9.** en ese momento; **10.** Por un lado / por otro lado.

1.5. **Ejercicio de expresiones. Relaciona.**

1. E; **2.** F; **3.** G; **4.** B; **5.** D; **6.** A; **7** C.

1.6. **Ejercicio de expresiones. Frases.**

1. cortar por lo sano; **2.** me vuelvo loco; **3.** está a punto de empezar; **4.** dejarse engañar; **5.** cayeron en la trampa; **6.** coger el toro por los cuernos; **7.** de un tirón.

1.7. **Ejercicio de pasados. Biografía de Benedetti.**

nació / Se educó / Trabajó / residió / se integró / se formó / publicó / siguió / apareció/ supuso/ adquirió / tuvo / fue / debió / llevó.

Unidad 2

2.1. **Ejercicio de la espalda.**

1. Use / aplíquela; **2.** Mantenga; **3.** Practique; **4.** Evite; **5.** Pida; **6.** permanezca; **7.** use; **8.** coloque; **9.** inclínese / haga; **10.** Aplíquese; **11.** Extienda / acuéstese / cruce / levante / haga.

2.2. **Ejercicio de la entrevista de trabajo.**

1. Sea; **2.** Vístase / lleve / dé / rompa; **3.** se siente; **4.** se tumbe / mantenga; **5.** juegue / cruce; **6.** compórtese / trate; **7.** evite; **8.** Responda / alargue / sea; **9.** mienta / modifique.

2.3. **Las instrucciones de M.ª Luisa.**

1. Lávatelas; **2.** Dásela; **3.** Póntelo; **4.** Pónselo; **5.** Límpiala; **6.** Riégalas; **7.** Déjaselos; **8.** Hazlos; **9.** No la veas; **10.** No se la abras; **11.** No te los comas; **12.** No la pongas; **13.** No se lo quites; **14.** No se la abras; **15.** No lo utilices.

2.4. **Expresiones con partes del cuerpo.**

1. C; **2.** G; **3.** F; **4.** D; **5.** E; **6.** H; **7.** J; **8.** B; **9.** I; **10.** A.

2.5. **Frases.**

1. Estoy hasta las narices; **2.** se me hace la boca agua; **3.** estoy con el agua al cuello; **4.** echarme una mano; **5.** anda / va de cabeza; **6.** he dado pie con bola; **7.** pongo a mal tiempo buena cara; **8.** habla por los codos; **9.** pegar ojo; **10.** se había levantado con mal pie.

2.6. **1. Consejos para conseguir pareja**: ten seguridad en ti mismo/a; cuida tu aspecto; relaciónate con la gente; muéstrate tal como eres; no te obsesiones en encontrar pareja; ten una actitud positiva. **2. Consejos para ser feliz con tu pareja**: no olvides nunca su cumpleaños; evita la monotonía para mantener viva la pasión; compartid parte de vuestro tiempo libre; mantened vuestra independencia; conserva a tus amigos de siempre; intenta tener una buena relación con su familia. **3. Consejos para olvidar un amor**: no le llames; haz ejercicio físico para superar el enfado; habla con tus amigos de tus sentimientos; no pienses en los buenos momentos que habéis pasado juntos; recuerda todos los rasgos negativos de tu ex; distráete: ve al cine, sal con gente; haz cosas para olvidar tu preocupación.

2.7. **Con la forma tú: a)** Sé / cita / ten; **b)** Adopta / ofrece / olvídate; **c)** Evita / conviértete; **d)** Consigue / haz; **e)** Usa / preocúpate; **f)** Resuelve / evita; **g)** adopta; **h)** trata.

Con la forma usted: a) Sea / cite / tenga; **b)** Adopte / ofrezca / olvídese; **c)** Evite / conviértase; **d)** Consiga / haga; **e)** Use /preocúpese; **f)** Resuelva / evite; **g)** adopte; **h)** trate.

2.9. **Brisa marina:** Combina / Pica / llena / Echa / añade / decora.

Negroni: Corta / llena / añade / coloca.

Sangría Sumatra: Mezcla / pon / impregna.

Kiwi Surprise: Tritura / añade / machaca / echa.

Ginger Fizz: Mezcla / tritura / pon / agita / Echa / añade.

2.10. **Verdadero o falso.**

1. F; **2.** F; **3.** V; **4.** F; **5.** F; **6.** V; **7.** V.

2.11. **Con la forma tú: 1.** echa / frótatelas; **2.** humedece / pásala, **3.** llena / sumerge; **4.** pon; **5.** hierve / sumerge; **6.** frota / Elimina / aplica / extiéndela / deja; **7.** pon / frota / aclárala / sécala.

Con la forma usted: 1. eche / fróteselas; **2.** humedezca / pásela; **3.** llene / sumerja; **4.** ponga; **5.** hierva / sumerja; **6.** frote / Elimine / aplique / extiéndala / deje; **7.** ponga / frote /aclárela / séquela.

Unidad 3

3.1. **1.** se enamore; **2.** se lleve; **3.** se despierte; **4.** me convierta / me transforme; **5.** muerda; **6.** me coma; **7.** me encuentre; **8.** crezca / sea; **9.** se case; **10.** me transforme / me convierta. ■

3.3. **Crucigrama.**

1.	L L A M E N
2.	A M A N E Z C A
3.	V O L E I S
4.	S E P A N
5.	H A Y A S
6.	D I G A S
7.	E N T I E N D A
8.	C U E L G U E N
9.	P I D A M O S
10.	S U E Ñ E
11.	S A L G A I S
12.	C I E R R E S
13.	C O N O Z C A M O S

Titulo de la película: *La ley del deseo.*

3.4. **1.** sea / vaya; **2.** nos divirtamos / llueva; **3.** tenga; **4.** traiga; **5.** se convierta / se enamore / haya.

3.5. **Notas: 1.** que vayas / compres / hacer; **2.** que llame / diga / tener; **3.** que paséis / tengáis; **4.** que te guste.

3.6. **Diálogo:** que vayamos/ que salga/ que quedemos/ juguemos/ que hagamos/ renovar / que estemos / que organicemos.

3.7. **1.** vuelvas; **2.** tenga; **3.** pierdas / estudies; **4.** saque; **5.** regalen / soy; **6.** vaya / mejorar; **7.** hagamos.

3.8. **Emilie:** haga / colabore / recoja / haga / salga / estudiar / dejar / casarse / tener.

Íñigo: hablar / razone / salga / dejar / tener.

3.9. **Transformación de frases:**

Solución posible:

Las mujeres quieren que los hombres sean más sensibles y no sean tan descuidados, necesitan que los hombres las escuchen y esperan que ellos sean más afectuosos y comprensivos. Ellas desean que se comuniquen y expresen todo el amor que ellas necesitan. También esperan que se comprometan en las relaciones y que prefieran hacer el amor y no solo sexo, y que no dejen la tapa del inodoro levantada.

Los hombres quieren que las mujeres conduzcan mejor, que entiendan las guías y que aprendan a mirar los mapas al derecho. Los hombres desean que las mujeres se orienten mejor y que vayan al grano cuando hablan. También desean que las mujeres tomen la iniciativa más a menudo en el sexo y que no bajen la tapa del inodoro.

3.10. **Vocabulario:** insensible ➔ sensible; agresivo ➔ pacífico; comprensivo ➔ incomprensivo; hablador ➔ callado; capaz ➔ incapaz; ordenado ➔ desordenado; descuidado ➔ cuidadoso; cariñoso ➔ arisco.

Unidad 4

4.1. **1.** ganará, tendrá; **2.** podré; **3.** estará; **4.** volverán, vendrán; **5.** será, tendrá; **6.** saldré.

4.3. **1.** habrá ganado, habrá sido; **2.** habrá venido, habrá podido; **3.** habrán ido, se habrán escapado; **4.** habré hecho, habrás aprobado; **5.** habrán venido, habrán comido; **6.** habrá entrado, habrá olvidado.

4.5. **1.** Empezaría: **2.** estaría; **3.** volvería; **4.** dirían / se enfadarían; **5.** habría / seríamos.

4.6. **1.** Las habrás dejado; **2.** estará / te vería; **3.** Le explicaría / lo habrán despedido/ habrá ido; **4.** habrá / vendrá; **5.** estará / se habrá dormido / habrá sonado.

4.7. **Futurama:** será, Será, Habrá, será, seguirá, habrá avanzado. Habrá, estarán, volarán, podrán, seguirá. Se habrán instalado, se habrán integrado, habrá, asignará, se habrán convertido, serán, tendrán. Habrá, usarán, realizarán, estará, habrán construido, será, podrá, irán, dispondrán, estarán, podrán, continuarán.

Unidad 5

5.1. **1.** me vaya, llueve; **2.** esté, necesite; **3.** puedan ,vuelan; **4.** dejen, vayas; **5.** den, llamen.

5.2. **Inteligencia artificial:** puede, sean, vaya, será, encontraremos, harán, estemos, obliguen.

5.6. **1.** algún, alguno; **2.** alguien, algo; **3.** algún, ninguna; **4.** nada, algunos, ninguna, algo; **5.** algunas, nadie; **6.** nadie.

5.7. **1.** a alguien; **2.** algo; **3.** algún; **4.** alguien; **5.** algún; **6.** algún, ninguno; **7.** algunas, **8.** nada.

5.8. **2.** El futuro es algo impredecible; **3.** Este es un tipo de cristal irrompible; **4.** No me gustan las cosas lujosas; **5.** Ella sintió una emoción incontenible; **6.** Pepe tiene una enfermedad incurable. 7. En clase hay cosas incomprensibles. 8. Antonio hace trabajos inolvidables. 9. El futuro es algo inexplicable. 10. En Cádiz hicimos una barbacoa irrepetible.

5.9. **1.** sepa; **2.** arregle; **3.** prefiero; **4.** declararon; **5.** se han exhibido; **6.** trata; **7.** me perdí; **8.** compró; **9.** se exponen; **10.** sentenció.

Unidad 6

6.1. mantengan / conservemos / transmitamos / lleven / es / comprenden / se dan cuenta.

6.2. cazáis / sea / está / respetéis / cambie / defiendas / estamos.

6.3. Para empezar / por una parte, por un lado / por otra parte, por otro lado / Además / Respecto a / por un lado, por una parte/ por otro lado, por otra parte / puesto que, ya que / Por último / En definitiva / ya que, puesto que.

6.4. Sin embargo / En primer lugar / En segundo lugar / Sin embargo / además / En cuanto a / En definitiva / por una parte / por otra parte.

6.5. **1.** vaya; **2.** están / tienes / es; **3.** es / sea / son; **4.** esté / está; **5.** sean / existen / tengan.

6.6. **1.** es / cueste; **2.** haya / viene; **3.** es / paguen; **4.** atraviesa / sea; **5.** se dediquen / deba; **6.** asuman; **7.** estudien / cueste.

6.7. **Posibles respuestas:**
  1. ▷ Creo que la falda que se ha comprado Marisol es muy original. ¿Tú qué crees?
    ▶ Original sí que es, pero a mí me parece que le queda fatal
    ▷ No estoy de acuerdo, yo no creo que le quede tan mal, un poco ancha tal vez sí.
  2. ▷ ¿Conoces al nuevo novio de María Fernanda? ¿Qué opinas?
    ▶ Pienso que es un chico muy educado y formal.
    ▷ ¡Qué dices! Tú no lo conoces bien. Está claro que es un gamberro.
  3. ▷ No es seguro aún que podamos ir a la exposición de Barceló.
    ▶ Pues es una pena, a mí me parece que es una exposición muy interesante. ¿Tú que la has visto qué piensas?
    ▷ Siempre es interesante ir a ver una exposición de Barceló.
  4. ▷ ¿Qué opinas de la fusión de ritmos musicales, como el flamenco y la música celta?
    ▶ Es evidente que es una innovación, pero creo que es un error mezclar estilos tan diferentes.
    ▷ ¡Pero qué dices! No estoy de acuerdo contigo. Está claro que la música evoluciona y creo que es bueno fomentar la fusión de estilos.

6.8. **1.** En primer lugar; **2.** se dé cuenta; **3.** Teniendo esto en cuenta; **4.** se quejen; **5.** es; **6.** En segundo lugar; **7.** comparte; **8.** compres; **9.** porque; **10.** haga; **11.** son; **12.** terminemos /terminen.

6.10. **1.** E; **2.** F; **3.** H; **4.** A; **5.** G; **6.** I; **7.** C; **8.** B; **9.** D.

6.11. **1.** perro / gato; **2.** fiera; **3.** canguro; **4.** mosquito; **5.** gatos; **6.** borrego; **7.** ostra; **8.** gallina.

Unidad 7

7.1.   **1.** está, está; **2.** son, Son; **3.** es; **4.** están, son; **5.** están; **6.** son; **7.** eres; **8.** Está; **9.** están; **10.** está, es; **11.** son; **12.** es, estamos, es; **13.** es, está; **14.** están, está; **15.** Es; **16.** Está; **17.** son; **18.** Es, Está.

7.2.   **1.** estado temporal; estado temporal; **2.** procedencia; **3.** identificar a una persona; **4.** descripción subjetiva; descripción física; **5.** localización en el espacio; **6.** nacionalidad; **7.** expresar cantidad; **8.** estar + gerundio; **9.** precio variable; **10.** profesión con carácter temporal; profesión; **11.** precio total; **12.** fecha; localización en el tiempo; fecha; **13.** lugar celebración evento; localización espacial; **14.** descripción subjetiva de una cosa; descripción subjetiva de una cosa; **15.** materia; **16.** estado temporal; **17.** posesión; **18.** valoración con "ser"; valoración con "estar".

7.3.   **1.** estamos, estoy; **2.** es; **3.** es; **4.** estaba; **5.** es; **6.** está; **7.** está, es; **8.** Está, está; **9.** es, está; **10.** están; **11.** está; **12.** es; **13.** es, está; **14.** estaba; **15.** es; **16.** está; **17.** es .

7.4.   **1.** está como un palillo; **2.** es un muermo; **3.** es un fresco; **4.** estaba como pez en el agua; **5.** es un pelota; **6.** estamos sin blanca; **7.** estaban trompa; **8.** estaban hechas polvo; **9.** es una aguafiestas; **10.** Son uña y carne; **11.** Estoy pez.

7.5.   **1.** donde metes; **2.** que utilizas; **3.** donde van; **4.** donde escribes; **5.** que te pones; **6.** donde viajas; **7.** donde buscas; **8.** que comes; **9.** donde viven; **10.** que sirve; **11.** donde vas; **12.** que pones.

7.6.   **1.** bolso; **2.** ratón; **3.** autopista; **4.** diario; **5.** casco; **6.** isla desierta; **7.** páginas amarillas; **8.** sandía; **9.** zoo; **10.** frigorífico; **11.** biblioteca; **12.** persiana.

7.7.   **1.** que conocimos; **2.** que trate; **3.** Donde quieras; **4.** que sirva; **5.** que sirve; **6.** donde pasé; **7.** que sea; **8.** que sea, donde haya; **9.** donde vivimos; **10.** donde quieran; **11.** que atiendan; **12.** que pueda; **13.** que quiera, que tienen; **14.** donde estuvimos; **15.** que esté.

7.9.   **1.** V; **2.** F; **3.** F; **4.** F; **5.** F; **6.** V; **7.** V.

7.10.

Adjetivos de descripción	Partes del cuerpo	Aseo personal
Carácter: Tierno Comprensivo Fiel Dinámico **Físico:** Sexy Atractivo Juvenil Grueso Calvo Con mirada sensual	Cabellera = pelo Dientes Sonrisa Barba Rostro = cara Trasero = culo = posaderas Dentadura Cabeza	Oler bien / mal Sudor Dientes libres de caries Aroma = olor Descuidar la imagen Vestir (poco) elegante Cuidar la higiene

7.11.   **Familia:** tenga, hable, domine, sea, pertenezca. **Fantasma:** se desplacen, puedan, den, traigan, atraviesen, muevan. **Circo:** sienta, sea, tiemble, luzca, tenga. **Jane:** sea, tenga, se oponga.

Unidad 8

8.1.   **1.** te hagas, enseñes; **2.** llego; **3.** hay; **4.** vayas; **5.** sepas; **6.** miente; **7.** puedo; **8.** puedas; **9.** sobra.

8.2.   **1.** crezcan; **2.** eras; **3.** abrimos, era, nevaba; **4.** ve, vea; **5.** vinimos, volvamos; **6.** llegan; **7.** regrese; **8.** llegues; **9.** podíamos, pasábamos.

8.3.   **1.** tengo; **2.** irte; **3.** llaméis; **4.** termine; **5.** firmen; **6.** viaja; **7.** prepara; **8.** aparecer; **9.** rodar; **10.** visitábamos; **11.** estemos.

8.4.   **A.** Acción habitual: **1. B.** Acción repetida: 6, 10. **C.** Acción anterior: 2. **D.** Acción inmediatamente posterior: 4, 8. **E.** Acción posterior: 5, 9. **F.** Límite de acción: 3. **G.** Acción simultánea: 7. **H.** Acción futura: 11.

8.5.   **1.** C; **2.** F; **3.** H; **4.** B; **5.** G; **6.** D; **7.** I; **8.** A; **9.** E.

8.6. **1.** en cuanto; **2.** cada vez que; **3.** antes de que, mientras tanto, Después; **4.** antes de; **5.** Hasta que; **6.** después de que; **7.** nada más; **8.** Mientras; **9.** al cabo de; **10.** más tarde.

8.7. **La Lechera:** obtenga, convertiré, venda, compraré, sean, venderé, podré, lleve, iré, se enamorarán, diré.

La Cigarra: llegaba, estaba, vio, se rio, te des, vendrá, te reirás, llegó, sea, trabajaba.

8.8. esté, se doren, se pongan, estén, tengan, se fríen, retirar, adquieran, esté, se enfríe.

8.10. **1.** F; **2.** F; **3.** F; **4.** V; **5.** V; **6.** F; **7.** V; **8.** V; **9.** F; **10.** V.

8.11. **Ganarse la vida:** tener independencia económica.

Estar como los chorros del oro: muy limpio.

Dar un vuelco el corazón: sentir una emoción fuerte y repentina.

No tener remedio: esta expresión significa que no hay una solución, pero en el texto quiere decir que no sabemos lo que queremos.

8.12. **1.** lo llamaré Manolo. **2.** tenga 30 años. **3.** me tomo un café. **4.** haré una gran fiesta. **5.** creía en los Reyes Magos. **6.** tenga una casa más grande. **7.** tenía 25 años. **8.** vuelvas. **9.** te veo. **10.** me pongo muy nervioso

Unidad 9

9.1. **1.** porque; **2.** debido a, dado que / puesto que; **3.** ya que; **4.** como; **5.** por; **6.** a causa de; **7.** es que, por **8.** Puesto que / Dado que.

9.2. A **3.**; B **2.**; C **1.**; D **4.**; E **5.**; F **2.**; G **2.**; H **2.**; I **2.**

9.3. **Soluciones posibles:**

1. En los últimos meses los precios han aumentado **a causa** de la introducción de la moneda única.

2. Como está lloviendo, no podemos ir esta tarde a la playa.

3. El reciclaje se está implantando en la sociedad actual **debido a que** los gobiernos se han dado cuenta de que el medio ambiente está seriamente amenazado.

4. Me parece muy mal que la gente se manifieste en contra del consumo de pieles de animales **puesto que** hay otros problemas más importantes como, por ejemplo, los niños obligados a trabajar como esclavos.

5. La solución al conflicto de Israel y Palestina no parece tener solución **por** la intolerancia de los dos gobiernos.

9.4. **1.** No he podido llamarte por teléfono, es que me he quedado sin batería.

2. La recepción del embajador ha tenido que ser suspendida a causa de los últimos acontecimientos internacionales.

3. Jordi se ha ido a vivir a Londres por motivos de trabajo.

4. Vamos a tener que cambiar la fecha de la boda porque no encontramos iglesia.

5. Voy a romper mi relación con Antonio ya que no tengo noticias suyas desde hace 2 meses.

6. Los inquilinos fueron desahuciados de las viviendas dado que no pagaban el alquiler desde hacía meses.

7. Los trabajadores presentaron un recurso debido a que no consideraban justa la decisión de la empresa.

9.5. la pelea, la afición, la permanencia, la pertenencia, la conducción, la borrachera.

9.6. **1.** Le echaron de la discoteca por la pelea que tuvo con el camarero. **2.** Empezó a tener problemas por su afición a la bebida. **3.** Ese futbolista ha hecho todo lo posible por su permanencia en el mismo equipo. **4.** La policía le detuvo por su pertenencia a un grupo violento. **5.** Le quitaron el carnet por conducción peligrosa. **6.** Hoy le duele mucho la cabeza por la borrachera de ayer por la noche.

9.7. **1.** No es porque no le guste, sino porque no sabe usarlo. **2.** No es porque no sepa qué ponerse, sino porque no tiene tiempo. **3.** No es porque quiera cambiar de trabajo, sino porque tiene madera de actriz. **4.** No es porque le guste, sino porque quiere buscar trabajo en Suecia. **5.** No es porque no quiera comer nada que tenga ojos, sino porque no le gusta.

9.9. **1.** V; **2.** F; **3.** F; **4.** V; **5.** V; **6.** F; **7.** V; **8.** F.

Unidad 10

10.1. **Soluciones posibles:**

1. Ayer Josefina tenía 40 de fiebre, por eso no pudo ir a la reunión. **2.** Habéis estudiado poco, en consecuencia, habéis suspendido el examen de español. **3.** Anoche Antonio estaba borracho, por eso se cayó por las escaleras. **4.** Hoy el niño estaba jugando con el mechero, así que se ha quemado los dedos. **5.** Hemos estado todo el mes de vacaciones, de ahí que no sepamos nada sobre el accidente de tu primo. **6.** M.ª Cristina no soporta el humor de Ana, de modo que no viene nunca a mi casa cuando está ella. **7.** José Javier no trabaja desde enero, de ahí que tenga tantas deudas. **8.** M.ª José ha roto con su novio, por eso está muy triste. **9.** Nos gusta mucho este hotel, así que volveremos otra vez el próximo año. **10.** Felipe trabaja mucho, en consecuencia, le ha dado un infarto.

10.2. **1.** podemos / podremos; **2.** cierren, dejen; **3.** necesiten, puedan; **4.** hemos decidido; **5.** vayáis; **6.** tenemos / tendremos; **7.** os quedáis / os quedaréis; **8.** se han perdido; **9.** viajé; **10.** estemos; **11.** venís / vendréis; **12.** vamos / iremos; **13.** cogeré, pasaré; **14.** venda; **15.** escuchará.

10.3. **1.** mantengan; **2.** crear, parezca; **3.** me diga, me traiga; **4.** ser, disfrutar; **5.** crezcan, sean; **6.** pedirnos, bajemos; **7.** pagar, ganar; **8.** perfeccionar, conocer.

10.4. **Batidora:** limpiarla, brille. **Freidora:** purificar, se queden. **Sandwichera:** se ablanden, desaparezcan. **Yogurtera:** huelan. **Exprimidor:** adquieran. **Cafetera eléctrica:** pierda.

10.5. **1.** renovar; **2.** hablar, preguntar, que te expliquen; **3.** que arregle, trabajar; **4.** que puedan, se decidan; **5.** ayudar, que se instalen; **6.** que no me olvides; para que pienses; **7.** lograr; **8.** que os relajéis, os olvidéis.

10.6. **1.** por; **2.** para / por; **3.** por; **4.** para; **5.** para; **6.** para; **7.** por / por; **8.** por; **9.** para; **10.** por; **11.** Para; **12.** por / para; **13.** por / para; **14.** por / para /por; **15.** Para / para / por.

10.8. **1.** F; **2.** V; **3.** V; **4.** V; **5.** F; **6.** V; **7.** F.

10.9. **Soluciones posibles:**

Antónimos		Sustantivos
1. bello .... feo, horrible		.... la belleza, la fealdad ....
2. aumentar .... disminuir, reducir		.... el aumento, la reducción ....
3. estirar .... arrugar		.... el el estiramiento, la arruga ....
4. crecer .... decrecer, descender		.... el crecimiento, el descenso ....
5. exponer .... ocultar		.... la exposición, el ocultamiento ....
6. implantar .... extraer, sacar		.... el implante, la extracción ....

10.10. **1.** implantes, extracciones; **2.** fealdad, ocultar; **3.** estiramientos, arrugas; **4.** crece/aumenta, belleza; **5.** ocultaban, ocultamiento.

10.11. **Defectos congénitos:** malformaciones de nacimiento. **Cirugía reparadora:** se usa para solucionar problemas físicos de nacimiento o lesiones. **El** *boom* **de la estética:** gran crecimiento del número de operaciones estéticas. **Sucumbir al bisturí:** decidir operarse. **La ansiedad del nuevo rico:** necesidad de demostrar públicamente que se tiene dinero.

Unidad 11

11.1. **1.** me ha molestado; **2.** os gusta, os encanta; **3.** nos preocupaba; **4.** nos sorprendió; **5.** les indignan; **6.** te alegraba.

11.2. **1.** vaya, recoja; **2.** se vuelva, compre; **3.** sorprenda, prepare; **4.** quiera, esté; **5.** toque, se caigan; **6.** os llevéis, compartáis; **7.** contesten; **8.** nieve, llueva, haga.

11.3. **1.** que la gente reaccione; **2.** cambiar; **3.** madrugar, levantarme; **4.** que tengan; **5.** que los niños jueguen; **6.** que pienses, escuchar.

11.4. sean, haga, decidan, expliquen, tomen, impida, den, falte, suenen, aparezcan, mientan, se responsabilicen, escuchen.

11.5. **1.** hayas decidido; **2.** me hayas dicho; **3.** regale, los abandone; **4.** pierda; **5.** hayamos aprobado; **6.** dejéis; **7.** haya pedido; **8.** se haya dado cuenta; **9.** hayáis escrito; **10.** hagas, te importe; **11.** hayan llegado, haya pasado, estés; **12.** llevemos; **13.** hayamos terminado; **14.** hayas tenido, cueste.

11.6. **1.** que M.ª Luisa y José Javier vengan, que todavía no hayan llamado; **2.** que baje, escuchar; **3.** que no hayas podido, practicar; **4.** que nos reunamos, hayáis discutido, hayáis tomado; **5.** que no me hayan llamado, que se hayan olvidado; **6.** que siempre pienses, que sus amigos se sientan; **7.** que te hayan gustado, cocinar; **8.** que vayamos, ver.

11.7. leer, realicen, traten, haya regalado, sea, estudie, conozca, hayan muerto, haya tenido.

11.8. la decisión, la explicación, la imposibilidad, la falta, el sonido, la aparición, la mentira, la responsabilidad.

11.9. **Soluciones posibles: 1.** Estamos hartos de la imposibilidad de ser políticamente incorrecto; **2.** Estamos hartos de la falta de imaginación; **3.** Estamos hartos del sonido de las mismas canciones; **4.** Estamos hartos de la aparición de los mismos tipos en la televisión; **5.** Estamos hartos de las mentiras y de la falta de responsabilidad de los políticos.

Unidad 12

12.1. **Presentar argumentos:** Empecemos por considerar...; Lo primero que hay que decir es que...; Vamos a hablar de un tema que... **Organizar argumentos:** Hay que tener en cuenta diferentes aspectos...; Aquí hay que hablar de diferentes puntos...; **Añadir argumentos/oponerlos:** Por una parte sí, pero por otra…; Hay una diferencia fundamental entre... y...; Podemos tener en cuenta también...; Otro hecho importante es que...; Es más,...; **Mostrar puntos de vista:** En mi opinión,...; Según...; Estoy convencido de...; Lo que creo es que...; De acuerdo con...; **Concluir:** Para finalizar,...: En conclusión,...

12.2. **A.** Soluciones posibles: **1.** Lo primero que hay que decir es que; **2.** Otro hecho importante es que; **3.** En mi opinión; **4.** según; **5.** de acuerdo con; **6.** Aquí hay que hablar de diferentes puntos; **7.** Es más; **8.** Podemos tener en cuenta también que; **9.** En conclusión.
B. Respuestas abiertas.

12.3. **1.** ➜ O: Empecemos por considerar las circunstancias en las que me encontraba horas después de la desgracia. **2.** ➜ L: Curiosamente era una noche de perros y llovía sin parar, como si alguien en el más allá estuviese al tanto de lo que había ocurrido.
3. ➜ M: Cuando llegué al lugar del crimen el reloj marcaba las cinco de la tarde, aunque por la oscuridad reinante hubiese podido decir que eran más de las ocho.
4. ➜ B: Entré sigilosamente en el edificio mientras los policías se llevaban el cadáver que había estado tirado en el suelo prácticamente toda la mañana. **5.** ➜ A: Comencé mi investigación entrevistando a todos los vecinos.
6. ➜ N: En primer lugar, tenemos a Vicente y Berta, una pareja de la tercera edad bastante cotilla. Me contaron que cuando oyeron el disparo estaban sentados en el sofá viendo el culebrón de las cuatro. **7.** ➜ H: Por un lado, parecen inocentes ya que sabían lo que había ocurrido en el capitulo, **8.** ➜ J: aunque, por otro, mostraban signos de nerviosismo.
9. ➜ F: Después visité a Juan. A las horas en la que se escuchó el disparo estaba dándose **10.** ➜ E: una ducha porque había llegado cansado de trabajar. En mi opinión, dice la verdad.
11. ➜ G: Tenemos que tener en cuenta también a su vecina, Cristina. Chica tímida e independiente. Conoce **12.** ➜ P: a Juan desde hace cuatro meses. Estoy convencido de que se gustan pero **13.** ➜ Ñ: no sé por qué no salen juntos. Según ella, estaba tendiendo la ropa fuera.
14. ➜ C: Y finalmente hablé con el más sospechoso de todos desde mi punto de vista. **15.** ➜ I: Emilio tiene treinta años y no se le conoce oficio alguno. **16.** ➜ K: Es más, solamente sale de casa, de acuerdo con los vecinos, por la noche y a horas intempestivas. Estaba echándose **17.** ➜ Q: la siesta, se despertó con el disparo. Otro hecho importante es que tiene mucho dinero.
18. ➜ D: Tendré que reflexionar más a fondo sobre este caso...

12.4. **1.** Cuando llegué a casa de trabajar mi novio ya estaba preparando la comida; **2.** Recuerdo perfectamente el viaje de novios. Fuimos a Cancún cuando todavía no teníamos ni siquiera el piso comprado; **3.** La música que se escuchaba antes era muy distinta a la de ahora. Desde que avanzó la tecnología se ha conseguido mezclar una amplia gama de sonidos con resultados excepcionales; **4.** Llamamos a Juan para pedirle un recado y al momento ya nos lo había hecho; **5.** Pedro salió de la academia más pronto de lo habitual ya que pensaba ir al cine pero se encontró con María y sus planes cambiaron de repente;

12.5. 2. La sobrina con la que vivía tiene una hermana en Oviedo; **3.** El incendio del que alertaron por megafonía se produjo en la segunda planta; **4.** El cajón donde (en el que) el chico dejó los informes no tenía cerradura; **5.** La rotonda hasta la que hemos llegado tiene una gran fuente; **6.** El chico del que me enamoré deberá ser un chico bueno y responsable; **7.** El portal desde el que se ve la terraza de Luis está en la esquina; **8.** El ladrón tras el que/cual fue la policía se había fugado de la cárcel.

12.6. **1.** No hubo nadie que pudiera llamar a su casa; **2.** No he encontrado ningún manual que sea interesante para iniciarse en la cocina uruguaya; **3.** No tengo ningún amigo que presuma de hablar nueve idiomas; **4.** En Chile no hay ningún volcán que esté activo; **5.** Este autor no ha escrito ninguna obra en la que haya contado las vivencias de su infancia.

12.7. **1.** dijimos; **2.** puedas; **3.** dé/diera; **4.** quería/quise; **5.** diga; **6.** hacen; **7.** habrá; **8.** tenga; **9.** vas/irás; **10.** sabe.

12.8. **1.** tiende; **2.** han surgido; **3.** ve; **4.** tomarse; **5.** poder; **6.** se fraguaron; **7.** respira; **8.** son.

12.8.1. **1.** falso; **2.** falso; **3.** falso; **4.** falso; **5.** falso.

12.8.2. **1.** que no es humano; **2.** que no es coherente; **3.** que no se puede describir; **4.** que no se puede pagar por ello; **5.** que no se puede imitar; **6.** que no se puede entrar en ello; **7.** que no se puede prescindir de ello; **8.** que no se puede acceder a ello; **9.** que no se puede apreciar; **10.** que no es apropiado; **11.** que nunca se cansa; **12.** que no es regular.

Unidad 13

13.1. **1.** ingiriera, procurara, caminara; **2.** buscara; **3.** viniera; **4.** dieran; **5.** plantara; **6.** esperara; **7.** volviera; **8.** hiciera; **9.** descansara, hiciera; **10.** acompañara.

13.1.1. **1.** pasado; **2.** pasado; **3.** pasado; **4.** futuro; **5.** futuro; **6.** pasado; **7.** futuro; **8.** presente; **9.** pasado; **10.** pasado.

13.2. **2.** ATT: Dirección
Asunto: Sugerencias
Sería conveniente que hubiera más servicios y que se limpiara la piscina con más frecuencia. Además, les agradecería que organizaran más actividades para los niños.
3. ATT: Ayuntamiento
Asunto: Sugerencias
Les pediría que aumentaran el número de ordenadores. Sería recomendable también que redujeran el número de estudiantes por aula, así como que se dispusiera de un mayor presupuesto para material fungible.
4. ATT: Comunidad
Asunto: Peticiones
Nos gustaría que instalaran un nuevo ascensor. Sería conveniente que existiera un servicio de recogida de basuras a domicilio. Además les pediríamos que contrataran a un portero y, por supuesto, les agradeceríamos que pintaran la fachada.

13.3. **1.** dejara; **2.** escuchen; **3.** pusieras; **4.** dijera; **5.** suspendan; **6.** repitieran; **7.** leyera; **8.** rellenes; **9.** reduzca; **10.** apruebe.

13.4. **1.** necesita; **2.** lleven; **3.** pidiera; **4.** existen; **5.** negaran; **6.** fuera; **7.** necesitan; **8.** habrá; **9.** atienda; **10.** llegara.

13.5. **1.** e; **2.** i; **3.** f; **4.** c; **5.** d; **6.** a; **7.** g; **8.** j; **9.** b; **10.** h.

13.6.1. La sobrecarga asistencial; la explotación laboral; la precariedad laboral por salario inadecuado; el estrés; la poca calidad asistencial; la pérdida de prestigio; la inexistencia de una carrera profesional; el desinterés de los responsables sanitarios; la visión económica por encima de la visión médica; la falta de cualificación e independencia de los gestores; problemas de comunicación y coordinación; la competitividad; la pérdida del prestigio social; formación muy teórica; falta de motivación y preparación; inexistencia de la formación continua; promoción profesional basada en las relaciones personales y no en méritos profesionales.

13.6.2. (Respuesta libre)
ATT: La Administración
Los médicos de este hospital pensamos que sería conveniente que se redujera el número de pacientes por médico así como el número de horas destinadas a la asistencia de estos.

Además, les pediríamos que el salario recibido se correspondiera al servicio prestado teniendo en cuenta las horas extras y nocturnas.

Nos gustaría también que ustedes, como responsables sanitarios, mostrasen un mayor interés en nuestro trabajo y nos reconociesen nuestro valor como profesionales.

Pensamos que sería conveniente que la visión médica fuese más importante y determinante que la económica.

Sería recomendable que los gestores sanitarios tuvieran una mayor formación e independencia para desarrollar su trabajo.

De igual manera sería interesante que se fomentara la comunicación y el trabajo en equipo entre los profesionales médicos.

En cuanto a la formación, les pediríamos que fuera más práctica y que existiera la formación continua.

Finalmente sería recomendable que los médicos promocionaran por méritos profesionales y no por sus relaciones personales.

13.6.3. (Respuesta libre)

Es justo que pidan la reducción del número de pacientes por médico y el número de horas destinadas a su asistencia.

Es lógico que reclamen un salario justo pero es imposible que la administración suba el salario en este momento y que se paguen horas extras.

Es evidente que su trabajo es importante y que se merecen mayor respeto social. Nos parece primordial que la visión médica esté por encima que los intereses económicos pero sólo contamos con un número reducido de medios y esto nos obliga a ciertas restricciones.

Nos parece injusto que critiquen la cualificación e independencia de los gestores sanitarios.

Por supuesto, está claro que la buena comunicación y coordinación entre profesionales facilita y agiliza el trabajo.

Respecto a la formación, nos parece exagerado que consideren que es demasiado teórica, eso sí, es necesario que se fomente la formación continua.

Respecto a las promociones, nos parece tremendamente injusto y malintencionado que nos acusen de beneficiar a nuestros conocidos, ya que en este hospital siempre se ha promocionado a las personas basándonos en su calidad profesional exclusivamente.

Unidad 14

14.1. **1.** Víctor dijo que tenía que llamar a Alejandro antes de las 5 porque más tarde no está nunca en casa; **2.** Mi madre me prometió ayer que si iba con ella al supermercado, hoy íbamos los dos de compras; **3.** Mis padres me comentaron que cuando llegaron a Santander hacía un tiempo excelente y que se dieron cuenta de que no había cambiado nada; **4.** Mi tío me dijo que cuando mi padre era pequeño solía echarse la siesta después de comer, y que ahora no tenía tiempo para esas cosas; **5.** Mi hermana me comentó que estaban tomando un café cuando llegó su jefe y la mandó derecha a la oficina; **6.** Ana me dijo que esa mañana había estado en el médico y que le había recetado unas pastillas bastante fuertes para la jaqueca que tenía esos días; **7.** Santiago contó a sus amigos que cuando llegó a comer al restaurante, los invitados ya se habían ido; **8.** Los vecinos nos han contado que ayer habían salido de fiesta cuando les llamamos por teléfono; **9.** Juan explicó a su compañero de trabajo que antes de ayer cambió/había cambiado de móvil y se pasó/se había pasado a contrato para tener que pagar menos al mes; **10.** Pedro dijo lamentándose que todavía no había visitado el Museo del Prado y llevaba viviendo en Madrid 14 años.

14.2. **1.** Le he dicho a Clara que la temperatura prevista para mañana sería/será de 30°; **2.** María ayer me dijo que el sábado siguiente habría una manifestación contra el terrorismo en la plaza de Colón; **3.** Mi hermano le comentó a mi madre que si aprobaba ese examen, habría acabado la carrera; **4.** Mi abuela vio al vecino de al lado y me dijo que se lo comería a besos; **5.** Mi madre me dijo: "No contaré a nadie tu secreto"; **6.** El horóscopo predijo: "El 27 será tu día de la suerte"; **7.** Él nos comentó: "A las 12 de mañana habré cumplido ya los 30 años"; **8.** Juan me dijo: "Con mucho gusto iría a cenar contigo pero no puedo porque tengo una cita esta misma noche".

14.3. **1.** Una señora me pidió por favor que la ayudara a llevar esas cajas a aquella furgoneta; **2.** Mi vecina me sugirió que fuese al médico enseguida porque tenía mucha fiebre; **3.** Mis amigos y yo le aconsejamos que se cortara el pelo para ir a la entrevista y mejorar su aspecto; **4.** Mi compañero de clase me aconsejó que si tenía un problema con las notas que fuese a hablar con mi profesor, y que lo aclarase; **5.** El médico me recomendó que no trabajase tanto y que me tomase unas vacaciones por una temporada; **6.** En la taquilla del metro me sugirieron que fuese a la oficina de objetos perdidos y que preguntase si habían entregado allí mi reloj; **7.** Mi padre me prohibió que estudiase esa carrera porque no creía que me sirviese para nada; **8.** El profesor nos prohibió hablar en el examen.

14.4. **1.** necesitaba; **2.** fui; **3.** había desayunado, había encontrado; **4.** tomarían; **5.** tenía, escogería; **6.** apagase, sacase; **7.** alquilaba, veía; **8.** se casó, se fue/había ido; **9.** necesitaba, ayudase; **10.** quería, podíamos.

14.5. **1.** María me preguntó que si había quedado esa tarde con alguien; **2.** Nuestro compañero de piso nos preguntó que a qué hora teníamos que estar en la Facultad; **3.** Mi padre me preguntó (que) si necesitaba ayuda; **4.** Mi compañero de clase nos preguntó (que) si nos gustaría irnos a la fiesta que se celebra en su país; **5.** Carmen me preguntó que cuándo podríamos actuar a nuestra manera sin tener que estar pendientes de lo que pensasen los demás; **6.** Carlos le preguntó a su mujer (que) si creía que iba a cambiar su situación económica de una vez por todas; **7.** Yo le pregunté a ese chico (que) si alguna vez había estado en Australia; **8.** El director le preguntó a uno de los actores que cuándo se aprendería el guion y podrían acabar la película sin problemas.

14.6. Pues, la periodista comenzó la entrevista preguntando que cuánto tiempo le había llevado la investigación de su nuevo libro "El paraíso de la nueva esquina" y Mario respondió que solamente en el libro había trabajado tres años.

Además también le preguntó que por qué había escrito ese libro y más concretamente acerca de ese tema; y él dijo que primero porque leyó la autobiografía de Flora cuando era universitario, y le fascinó, así que continuó leyendo sobre ella cada vez que tenía ocasión.
Me sorprendió cuando la periodista preguntó que cuántas horas escribía al día, y él afirmó que por la mañana ocupaba unas dos o tres horas en escribir, y que por las tardes le gustaba trabajar en la biblioteca.
Pero lo más interesante es que ella preguntó que por qué había decidido dedicarse a la escritura; a lo que el peruano contestó que primero empezó con la lectura, y que era probablemente la mejor cosa que le había pasado en su vida, ya que se le enriqueció el mundo de una manera extraordinaria. También dijo que después se dedicó a escribir, y que su padre, sin quererlo, fomentó su vocación porque como tenía muy mala relación con él, se aferró a los libro como una manera de resistirse a su autoridad.
Y la última pregunta fue que qué era la felicidad para Vargas Llosa.
Él dijo sabiamente que no era fácil definirla, y que era una gran pasión, un estado de ánimo… pero que era siempre la excepción y que nunca la regla.

Unidad 15

15.1. **1.** Si quieres comer ahora, lávate las manos, por favor; **2.** Si lo hizo, tendrá que asumir sus responsabilidades; **3.** Si tú me lo pides lo hago, pero no me apetece nada; **4.** Si el tiempo sigue así, cortarán las carreteras; **5.** Si puedes, no lo dejes para mañana.

15.2. **1.** Si tuviera todas las oportunidades que tú tienes, no estaría aquí sentado quejándome; **2.** ¿Podrías volver a hablarla si te mintiera?; **3.** Si escucharas cuando te hablan, no tendrías que preguntar dos veces; **4.** Si me gustara patinar, me iría con vosotros a la pista; **5.** ¿Qué harías tú si te dijeran que fueron ellos?; **6.** ¿Debería volver a mi país si la economía mejorara?; **7.** Si quisieras, me lo dirías; **8.** Tendrías que repetir el examen si la nota fuese inferior a 5.

15.3. **1.** trabajara; **2.** atendieras; **3.** hicieras; **4.** leyeras, sería; **5.** recogieras, se subiría; **6.** reducirías; **7.** ahorraras; **8.** cupiera; **9.** pidieras, daría; **10.** pusieses, conseguirías.

15.4. **1.** De trabajar más, ganaría más dinero; **2.** De atender a la profesora,...; **3.** De hacer más deporte,...; **4.** De leer más a menudo,...; **5.** De recoger tu cuarto,...; **6.** De hablar menos por teléfono,...; **7.** De ahorrar un poco más,...; **8.** De caber mi coche en el garaje,...; **9.** De pedírmelo con educación,...; **10.** De poner más empeño,...

15.5. **1.** con tal de que/ siempre que/ siempre y cuando/ a condición de que; **2.** excepto que, a no ser que, salvo que, excepto si, salvo si; **3.** con tal de que/ siempre que/ siempre y cuando/ a condición de que; **4.** a no ser que, salvo que, excepto que; **5.** con tal de que/ siempre que/ siempre y cuando/ a condición de que; **6.** a no ser que, salvo que, excepto que; **7.** siempre y cuando, siempre que, a condición de que; **8.** siempre que/ siempre y cuando, con tal de que, a condición de que; **9.** a no ser que, excepto que, salvo que; **10.** con tal de que/ siempre que/ siempre y cuando/ a condición de que.

15.6. **1.** hubiera aceptado; **2.** habría rescatado; **3.** hubiera leído; **4.** habría invitado, hubiera sabido; **5.** Habrían conseguido, hubieran tenido; **6.** habría ganado, hubiera sido; **7.** te hubieras distraído, no se habría quemado; **8.** hubiera declarado, habrían caído; **9.** Habrían pospuesto, hubieras avisado; **10.** hubieras descrito, habría dicho.

15.7. 1. tuviera; 2. haber empezado; 3. fuera; 4. habría preguntado; 5. contestaría; 6. supiera; 7. hubiera dado; 8. se habría resuelto; 9. lavara; 10. haberte escuchado; 11. pudiera; 12. hubiera triunfado; 13. hubieran invitado; 14. interrumpirías; 15. haber pasado; 16. habría dicho; 17. invitara; 18. hubiera sobornado.

15.8.1. Posibles respuestas: 1. Según el informe de una eurodiputada británica, el lince ibérico se encuentra en grave peligro de extinción; 2. La extinción del lince ibérico supondría la primera extinción de un felino desde la prehistoria; 3. Se ha producido una reducción del número de ejemplares, de su esperanza de vida y de su capacidad reproductora; 4. El informe señala la necesidad de una actuación rápida y eficaz; 5. Una de las denuncias del informe es la amenaza de una comunidad de linces debido a la construcción de una autopista; 6. Los ecologistas proponen como soluciones una alimentación suplementaria, la introducción de linces en cautividad y la abolición de la caza.

15.8.2. 1. Si se repoblara la zona habitada por el lince con liebres y conejos que le sirvieran de alimento; 2. Si se pusiera en marcha un programa de alimentación suplementaria; 3. Si se introdujeran linces criados en cautividad en las zonas donde normalmente viven; 4. Si se acabara con todo tipo de caza en dichas zonas.

Unidad 16

16.1. 1. será; 2. era/es; 3. estamos; 4. está; 5. estoy; 6. están; 7. Es; 8. está; 9. es, está; 10. está.

16.2. 1. está; 2. está; 3. era; 4. estaba; 5. está; 6. es; 7. estaba; 8. es; 9. está; 10. ser.

16.3. 1. ¡Vaya por dios! Las llaves no están por ningún sitio; 2. Estuvimos en el restaurante hasta las cinco; 3. No sé dónde está esa carretera. En el mapa no está; 4. ¿Cuánto es? Son 30 euros; 5. La inauguración será en el vestíbulo; 6. Por el momento estoy de recepcionista hasta que me salga otra cosa; 7. Está bien que el gobierno haya aprobado esa ley; 8. Esta parcela fue de mi tatarabuelo; 9. Cuando vivía en Australia estaba/era feliz; 10. Julián ahora está en Barcelona.

16.4. 1. será; 2. los dos son posibles; 3. está; 4. los dos son posibles; 5. estás; 6. son; 7. los dos son posibles; 8. está.

16.5. 1. Estás; 2. ser; 3. eras; 4. es; 5. está; 6. haber estado/estar; 7. estoy; 8. sean; 9. fue; 10. está.

16.6. 1. Los montañeros fueron encontrados por un helicóptero de rescate; 2. Los pueblecitos de la costa fueron devastados por el huracán Elisa; 3. Los afectados por las inundaciones fueron indemnizados por la compañía; 4. La huelga fue convocada por los sindicatos.

16.7. 1. Un grupo de espeleólogos ha descubierto las cuevas; 2. El corredor keniata batió el récord de los 100 metros lisos; 3. Los telespectadores eligieron al ganador; 4. Pedro Rubalcaba dirigió el cortometraje ganador; 5. El gobierno de la época censuró las imágenes.

16.8. 1. estaba; 2. había estado; 3. eran; 4. estaba; 5. estaban; 6. era; 7. estaba; 8. Era; 9. estaba; 10. era; 11. era/sería; 12. estar; 13. estaba; 14. ser; 15. Es; 16. estoy

16.9. 1. h; 2. c; 3. g; 4. j; 5. f; 6. e; 7. i; 8. b; 9. a; 10. d.

16.10. Respuesta libre.

16.11. 1. están; 2. fue; 3. serán; 4. fue; 5. están; 6. está; 7. estuvo; 8. estaban; 9. son; 10. fueron.

16.12. 1. mantente; 2. se hallan; 3. se sentían; 4. mantenerse; 5. me sentiría; 6. se hallan.

Unidad 17

17.1. 1. Ese chico parece siempre muy listo, aunque a veces las apariencias engañan; 2. Carlos y Juan se parecen muchísimo, y la verdad es que no son ni hermanos; 3. La última actuación de Tom Cruise me parece que deja mucho que desear. Parece desentrenado; 4. Me parece muy buena idea que vayas al hotel en régimen de pensión completa. Así te será mucho más cómoda la estancia; 5. ¿Qué te parecen los CDs que te presté? ¿A que son una pasada?; Me parece que son buenos aunque prefiero la música rock; 6. Cada vez que visitamos Las Islas Canarias nos parece estar en el paraíso; 7. Caminar por las calles de París de noche no se parece en absoluto con el ambiente que se vive en mi país; 8. Me parece incorrecto que el presidente no haya escuchado la opinión de todos los ciudadanos, ya que para eso nos representa; 9. El profesor parece estar al corriente de todo. Me parece que es mejor que no faltemos a clase estos días; **10.** ¡Dicen que me parezco muchísimo a Hugh Grant! Me parece que eso no es un piropo/ No me parece que eso sea un piropo por muy bien que esté el chico; **11.** Carmen y María se parecen muchísimo. ¡Qué dices! Se parecen como un huevo a una castaña.

17.2. **1.** Encuentro a Nuria mucho mejor que la última vez que nos vimos. Encuentro a Nuria peor que la última vez que nos vimos. Encuentro a Nuria tan bien como la última vez que nos vimos; **2.** La paciencia está más valorada que tener ímpetu. La paciencia está menos valorada que tener ímpetu. La paciencia está tan valorada como tener ímpetu; **3.** Un ejecutivo trabaja más horas que un profesor y eso cansa más. Un ejecutivo no trabaja menos horas que un profesor y eso no cansa menos. Un ejecutivo trabaja tanto como un profesor o más y eso cansa lo mismo; **4.** Juan tiene más de 3000 euros ingresados en el banco. Juan tiene menos de 3000 euros ingresados en el banco; **5.** A Julio le gusta la comida más salada que a ti. A Julio le gusta la comida menos salada que a ti. A Julio le gusta la comida tan salada como a ti; **6.** Los animales de compañía son más fieles que las personas. Los animales de compañía son menos fieles que las personas. Los animales de compañía son tan fieles como las personas; **7.** Ayer hacía más frío que hoy. Ayer hacía menos frío que hoy. Ayer hacía tanto frío como hoy; **8.** Antes hablaba español con más fluidez que otros idiomas. Antes hablaba español con menos fluidez que otros idiomas. Antes hablaba español con tanta fluidez como otros idiomas.

17.3. **1.** Estudia menos de lo que dice en clase; **2.** Tienes menos agallas de lo que nos hace creer; **3.** Esa chica es menos atractiva de lo que dicen; **4.** No soy tan impulsivo como aparento a primera vista; **5.** Últimamente en clase no hay tantos alumnos como es habitual; **6.** El libro que está leyendo María es menos intrigante que el que estoy leyendo yo; **7.** Al final no había que añadir tanta cantidad de azúcar en este pastel como en el que hicimos ayer; **8.** La operación fue menos complicada de lo que parecía en un principio; **9.** En España no comemos tanto como los extranjeros creen; **10.** Hay algún trabajador en esta empresa que trabaja menos de lo que descansa.

17.4. **1.** como tu quieras; **2.** como si tuvieses; **3.** como si la hubiese comido; **4.** como manda; **5.** ni que fueses; **6.** como si nunca hubieses visto; **7.** como si tuviese; **8.** tal y como ordenes; **9.** como tú las planeas; **10.** como si fueses una reina.

17.5. Respuesta libre. Propuesta: Jugar al padel es tan caro como ir al cine, pero en mi opinión es mucho más entretenido y además haces ejercicio; Recibir un email de un amigo lejano es más emocionante que leer un libro de misterio, ya que te produce mucha satisfacción tener noticias de alguien a quien aprecias; Ver la televisión en casa es menos divertido que ir de compras, sobre todo si eres una mujer; Trabajar en el extranjero es más cansado que trabajar en tu ciudad, ya que tienes que desplazarte y hablar constantemente en una lengua que no es la propia.

17.6. **1.** c; **2.** a; **3.** c; **4.** c; **5.** b; **6.** c; **7.** b; **8.** a; **9.** c; **10.** a.

Unidad 18

18.1. **1.** d; **2.** b; **3.** n; **4.** j; **5.** l; **6.** c; **7.** i; **8.** k; **9.** m; **10.** f; **11.** g; **12.** e; **13.** a; **14.** h.

18.2. **1.** Tendríamos que ir terminando ya, ¿no?; **2.** Sería mejor que repitiéramos todo el trabajo desde el principio; **3.** De acuerdo con todo lo expuesto, opinamos que la solución está clara; **4.** Puedes dejar de quejarte y hacer algo; **5.** Creo que no podremos salir esta noche, parece que va a llover; **6.** Uno piensa que es un buen padre y luego se da cuenta de todos sus errores; **7.** Por lo visto, el nuevo parque se construirá en la zona entre los dos municipios para evitar tensiones vecinales; **8.** Probablemente el gobierno tendrá que tomar cartas en el asunto; **9.** ¿Podrías lavarte las manos antes de comer?; **10.** No sé mucho de este asunto, pero parece ser que a partir de mañana cambia el funcionamiento de la empresa y sería conveniente que todos los trabajos pasaran por mis manos y recibieran el visto bueno antes de ser presentados a nuestros clientes.

18.3. **1.** Dicen que tengo que operarme; **2.** Anuncian grandes retenciones para este fin de semana; **3.** Prevén un aumento importante del número de turistas el próximo verano; **4.** Informan de grandes precipitaciones en la zona norte de la península; **5.** Dicen que la huelga de barrenderos se prolongará durante dos semanas más.

18.4. **1.** Se cambian; **2.** se dice; **3.** se vende; **4.** se permiten; **5.** se puede; **6.** se hacen; **7.** se llevan; **8.** se admiten; **9.** se prohíbe; **10.** se degustan.

18.5. **1.** Inmediatamente se dieron cuenta de sus intenciones; **2.** Se ha decidido instalar parquímetros en la zona centro de la ciudad; **3.** La fiesta se organizó con muy poco presupuesto; **4.** Los juguetes se han roto en dos días; **5.** Se han comprado 20 ordenadores para las nuevas oficinas; **6.** Se compró el solar para evitar que bajaran los precios del inmueble; **7.** Se escucharon los gritos y las canciones que salían del estadio; **8.** Cada vez se come más comida basura; **9.** Se han vendido todos los pantalones de temporada en dos días; **10.** Ahora se viaja más y se disfruta más de la jubilación.

18.6. **1.** e; **2.** d; **3.** f; **4.** g; **5.** h; **6.** i; **7.** c; **8.** j; **9.** a; **10.** b.

18.6.1. **A.** 2-d; **B.** 4-g; **C.** 6-i; **D.** 7-c; **E.** 8-j; **F.** 3-f; **G.** 10-b; **H.** 9-a; **I.** 5-h; **J.** 1-e.

18.6.2. **1.** Más vale pájaro en mano que ciento volando; **2.** No hay mal que cien años dure; **3.** Hay que estar a las duras y a las maduras; **4.** Más vale que sobre que no que falte; **5.** Dime de qué presumes y te diré de qué careces; **6.** Agua pasada no mueve molino; **7.** Se coge antes a un mentiroso que a un cojo; **8.** Quien mucho abarca poco aprieta; **9.** Cuando el río suena agua lleva; **10.** Perro ladrador poco mordedor.

18.7. **1.** Se alquila apartamento; **2.** Se venden libros de segunda mano; **3.** Se hacen trajes a medida; **4.** Se pasan trabajos a ordenador; **5.** Se traspasa local; **6.** Se necesitan comerciales; **7.** Se busca a los atracadores; **8.** Se busca perro labrador negro; **9.** Se requiere traumatólogo con experiencia; **10.** Se restauran muebles viejos.

18.8. **1.** se ponen; **2.** Se baten; **3.** se le anexan; **4.** Se sigue; **5.** se le agregan; **6.** se termina; **7.** se han batido; **8.** se incorpora; **9.** se dejan de; **10.** se pone; **11.** se engrasa; **12.** se espolvorea; **13.** se le vacía; **14.** Se cuece.

18.9. Respuesta libre.

Unidad 19

19.1. **1.** pelar; **2.** fritos; **3.** olla a presión; **4.** gratinas; **5.** revueltos; **6.** colador; **7.** tenedores, hondos, vasos; **8.** fuentes; **9.** aliñar; **10.** mezclar; **11.** cocidas; **12.** con poca leche.

19.2. **1.** a; **2.** d; **3.** e; **4.** f; **5.** g; **6.** h; **7.** d; **8.** b; **9.** a; **10.** e; **11.** c; **12.** a; **13.** f; **14.** h; **15.** d; **16.** c; **17.** b; **18.** d; **19.** i; **20.** h; **21.** d; **22.** c; **23.** d; **24.** b; **25.** d; **26.** e; **27.** g; **28.** i; **29.** g; **30.** d; **31.** d; **32.** f; **33.** i; **34.** g; **35.** c; **36.** d.

19.3. **1.** sirvan; **2.** te hayas acordado; **3.** se animaran; **4.** sepan; **5.** mastique; **6.** probara; **7.** haya decorado; **8.** cocine, recoja; **9.** vinieras; **10.** hayas pensado.

19.4. **1.** hayas encontrado; **2.** diera; **3.** dijera; **4.** critiquen; **5.** fuera; **6.** se hayan quedado; **7.** obligaran; **8.** llevemos, juguemos; **9.** haya tenido; **10.** vayan.

19.5. **1.** Siempre me ha gustado que mi marido me lleve el desayuno a la cama; **2.** Me daba miedo que la tarta se pegara, así que puse el horno a temperatura media; **3.** Les entristece que no podamos ir con ellos a su boda, daban por hecho que estaríamos allí; **4.** Odio que sobre comida y se tire en vez de guardarla para el día siguiente; **5.** De pequeña me chiflaba que mi abuela hiciese croquetas, le salían buenísimas; **6.** No sé qué decir, me encanta que hayas venido ahora ya estamos todos; **7.** Nos encantaría que comprarais la casa de al lado, así podríamos vernos mucho más; **8.** Lo que más me molestó fue que fingiera que no había sido él; **9.** A todos nos extrañó que no repitiera, no sabíamos que estaba a dieta; **10.** Lo que menos me importa es que el restaurante sea elegante o no, siempre y cuando la comida sea buena.

19.6. **1.** i; **2.** c; **3.** g; **4.** d; **5.** a; **6.** f; **7.** j; **8.** e; **9.** h; **10.** b.

19.6.1. **1.** me importa un pimiento; **2.** ha dado calabazas; **3.** tiene muy mala leche/uva; **4.** es pan comido; **5.** al pan, pan y al vino, vino; **6.** naranjas de la china; **7.** ajo y agua; **8.** está como un queso; **9.** en todas partes cuecen habas; **10.** no le puedo pedir peras al olmo.

Unidad 20

20.1. "aunque lo practico todos los fines de semana, siempre vuelvo a casa con algún golpe".
"No lo haría ni aunque me pagasen".
"Aunque sea un deporte peligroso, no puedo dejar de sentir la necesidad de experimentar esa sensación de riesgo".
"Por más que te lo repita, no te va entrar en la cabeza".
"Quizás lo haga algún día, aunque la idea de verte colgado no me convence en absoluto".

1. Aunque lo (el snowboard) practico todos los fines de semana, siempre vuelvo a casa con algún golpe. Quizás lo haga (acompañarte) algún día, aunque la idea de verte colgado no me convence en absoluto; **2.** Aunque sea un deporte peligroso, no puedo dejar de sentir la necesidad de experimentar esa sensación de riesgo. Por más que te lo repita, no te va entrar en la cabeza; **3.** No lo haría ni aunque me pagasen.

20.2.   **1.** esfuerzo; **2.** esfuerce; **3.** estemos; **4.** fuera; **5.** estuviese; **6.** he casado; **7.** sé; **8.** digan.

20.3.   **1.** tenga; **2.** ha cumplido; **3.** recibió; **4.** llueva; **5.** tocase, me dice; **6.** me arrepiento; **7.** dijera; **8.** insistas.

20.4.   **1.** Respuesta libre. Propuesta: El autor utiliza la ironía para reírse de las personas que piensan que por utilizar el vocablo del país económicamente dominante, pueden ser más cultas o modernas. No se dan cuenta de que de esta forma, no solo no consiguen su objetivo, sino que incluso caen en el ridículo. Y es que, aunque la mona se vista de seda mona se queda.

2. *"Aunque antes no éramos conscientes* de este atraso, afortunadamente todo esto ya ha cambiado": El hablante muestra al oyente una información nueva en indicativo. El tiempo verbal está en imperfecto ya que hablamos de una descripción de un hecho pasado. En cuanto a su significado, el hablante informa de que la situación de atraso ha cambiado incluso no siendo conscientes de ello en el pasado.

"A los españoles, *pese al rechazo que algunos muestran,* se nos nota el cambio simplemente cuando hablamos": El hablante utiliza de la misma manera el modo indicativo para introducir una información nueva. En cuanto a su significado, expresa que a los españoles se nos nota el cambio, sin importar el rechazo de alguno de nosotros.

"Aunque tardásemos en dar el paso, nuestra postura implica una nueva apertura y una capacidad para superarnos": El hablante utiliza el subjuntivo en este caso no para introducir una idea nueva, sino para mostrar y fortalecer su opinión a través del contraste de ideas. Tenemos que tener en cuenta que está en imperfecto porque se habla de la descripción de un hecho pasado. (Este es uno de los casos en que no debemos confundir una acción pasada con el tercer uso de *aunque* (ver gramática)). En cuanto al significado, el hablante no toma en cuenta el hecho de tardar en dar el paso hacia una modernización, sino de que se haya llevado a cabo una postura de apertura.

"En lugar de acampar como hasta ahora, vivaqueamos o hacemos camping, *aunque sea exactamente lo mismo"*: El hablante vuelve a hacer uso del subjuntivo para exponer una opinión, ya que la información que se introduce es ya conocida por el oyente. En cuanto a su significado, expresa que se lleva a cabo la acción de hacer camping en lugar de acampar a pesar de que el significado de ambos términos es el mismo.

"Aunque no somos todavía muy conscientes, en el plano colectivo ocurre exactamente lo mismo que pasa a nivel privado: todo ha evolucionado": El hablante introduce una idea nueva: no somos todavía muy conscientes del cambio. En cuanto al significado, expresa un obstáculo real: no ser consciente, que contrasta y no evita una evolución que ha ido teniendo lugar en la sociedad.

"Hoy la gente ya no corre: hace jogging o footing *(aunque depende mucho del chándal y de la impedimenta que se le añada"*: El hablante introduce en indicativo una información nueva para el oyente. En cuanto al significado expresa que la diferencia entre hacer jogging o footing depende necesariamente de la ropa que uno use.

"Hacen puenting, que es más in, *aunque, si falla la cuerda, se matan igual que antes"*: El hablante muestra una idea nueva para el oyente, por supuesto en indicativo. En cuanto al significado, expresa que hacer puenting es lo mismo que tirarse de un puente, ya que si la cuerda se rompe, el deportista muere en ambos casos.

3. **pins:** insignias; **gays:** homosexuales; **lunchs:** comidas frías; **comics:** tebeos; **parties:** fiestas; **posters:** carteles; **business:** negocios; **catering:** fiambrera; **aerobic:** gimnasia; **plum-cake:** bizcocho; **feelings:** sentimientos; **tickets:** entradas; **compacts:** compactos; **kleenex:** pañuelos; **sandwiches:** bocadillos; **pub:** bar; **groggies:** atontados; **camping/vivaqueamos:** acampar; **jogging/footing:** correr; **masters:** estudios de postgrado; **ser in:** estar de moda; **basket:** baloncesto; **clubs:** equipos; **play-offs:** etapa de eliminación; **sponsors:** patrocinadores.

Convencer a alguien: 1; 4; 12.
Expresar las razones de algo: 6; 9; 11.
Dar/quitar la razón a alguien: 2; 5; 10; 13.
Decir a alguien que está en lo cierto: 3; 7; 8.

20.5.   **1.** esté como esté; **2.** sea como sea; **3.** digan lo que digan; **4.** se ponga como se ponga; **5.** pase lo que pase; **6.** mires a donde mires; **7.** vengas a la hora que vengas; **8.** vayas a donde vayas; **9.** se ponga lo que se ponga; **10.** haga lo que haga; **11.** actúe como actúe; **12.** piensen lo que piensen.

Unidad 21

21.1. **1.** empiece; **2.** avisarte; **3.** practicase; **4.** salir; **5.** le reciba; **6.** ir; **7.** te duela; **8.** ir; **9.** saber; **10.** comprar; **11.** estuvieras/te enfadaras.

21.2. **1.** con tal de; **2.** con el propósito de; **3.** a fin de; **4.** que; **5.** a; **6.** por.

21.3. **1.** despejarse; **2.** entendiéramos; **3.** vea; **4.** aprendiese; **5.** matar; **6.** llevemos; **7.** mantener; **8.** estén; **9.** comprar; **10.** tomen; **11.** mejorar; **12.** convencerla.

21.4. **1.** se pegue; **2.** recargarlas; **3.** se deslicen; **4.** limpiarla; **5.** devolverlos; **6.** solucionar; **7.** eliminar; **8.** se empapen; **9.** desaparezcan; **10.** duren; **11.** evitar.

21.5. **1.** Vete a + infinitivo; **2.** Puedes venir para que + presente de subjuntivo; **3.** Nos reuniremos para hablar del proyecto con tal de que + presente/pret.perfecto de subjuntivo; **4.** Llegó pronto para que + pretérito imperfecto de subjuntivo; **5.** Coge la cámara de fotos que + presente de subjuntivo; **6.** ¿Por qué no subes a + infinitivo?; **7.** No dormí en toda la noche para + infinitivo; **8.** Guárdalo que + presente de subjuntivo; **9.** Salía de clase para que + pretérito imperfecto de subjuntivo; **10.** Voy a ir al médico a que me + presente de subjuntivo.

21.6.1. **1.** falso; **2.** falso; **3.** falso; **4.** verdadero; **5.** verdadero.

21.6.2. Antónimos posibles: **1.** político; **2.** quitar; **3.** descontrol; **4.** privado; **5.** descoordinación; **6.** extraordinario; **7.** inestabilidad; **8.** ileso; **9.** obligatorio; **10.** desfavorable.

21.6.3. **1.** estabilizar; **2.** contribuir; **3.** rendir; **4.** auxiliar; **5.** distribuir; **6.** independizarse; **7.** merecer; **8.** refugiarse; **9.** difundir; **10.** promover.

21.6.4. **1.** se estabilice; **2.** auxiliar; **3.** rindiera; **4.** promover; **5.** difundiera.

21.7. Posibles soluciones: **1.** Hola buenas, venía a recoger una chaqueta que dejé para que le arreglasen las mangas; **2.** Vale, ¿y dónde puedo encontrarla?; **3.** Perdone, ¿es usted la encargada?; **4.** Hola, venía a recoger una chaqueta, mi nombre es (…); **5.** ¡Uy! Anda, esta no es mi chaqueta; **6.** Ya, ya, pero le estoy diciendo que esta no es la mía, la mía era blanca; **7.** Mire, por favor, aquí tengo el resguardo, debéis tenerla en algún sitio. Menuda desorganización que tenéis, ¡por Dios!; **8.** ¡No me lo puedo creer! Era un encargo muy importante y necesito la chaqueta mañana. ¡Esto es indignante, exijo que se me devuelva el dinero!; **9.** ¡Lo que faltaba! Quiero hablar con el responsable ahora mismo.

21.8. Respuesta libre.